從邏輯到實踐，提升決策品質，步入良性循環

閉環思維

建立循環式的成功框架

劉金 著

CLOSED LOOP THINKING

掌握閉環思維，提升決策效率｜解決困難，創造機會
結合歸納與演繹，破解複雜問題｜實現穩定而長久的成功模式
讓工作與生活變得精準可控

目 錄

序言　主動閉合我們的思維

第一章　閉環思維與思維的正向閉環

閉環思維：可閉合的思維 …………………………… 010

思維閉環的正向性和導向性 …………………………… 015

「蝴蝶效應」與思維閉環 …………………………… 020

思維閉環是生活的大智慧 …………………………… 024

第二章　閉環思維就是思考有迴路

好的思維都是有迴路的 …………………………… 030

閉環思維提供做事的邏輯 …………………………… 035

閉環思維是歸納法和演繹法的結合 …………………………… 039

把問題作為思考的入口 …………………………… 045

閉環思維四個核心：計畫、落實、內化、回饋 ………… 050

閉環思維是一個內化再優化的循環過程 …………………………… 054

目錄

第三章　閉環思維讓事情可閉合

凡事都要閉環化思考 …………………………………… 060
可靠的表現就是做事閉環 ………………………………… 064
用曲線思維代替直線思維 ………………………………… 068
事前策劃與事後閉環 ……………………………………… 071
不解決問題，本身就是「問題」 ………………………… 077
找不到解決辦法，就改變問題 …………………………… 082
對閉環方案進行初始評估 ………………………………… 087
覆盤思維不可少 …………………………………………… 091
閉環化思維就是多想一點 ………………………………… 095

第四章　閉環思維讓結果可預測

一切皆可設計 ……………………………………………… 100
閉環思維對結果負責 ……………………………………… 104
能力要與責任相匹配 ……………………………………… 108
及時止損也是一種閉環 …………………………………… 112
缺乏可預測性的行動都是冒險主義 ……………………… 117

第五章　溝通閉環在於有效回饋

閉環式溝通才是有效的溝通 ……………………………… 122
以開放式提問替代封閉式提問 …………………………… 126
帶著建設性意見和老闆溝通 ……………………………… 130
凡事莫要「我以為」……………………………………… 134
搭建深度溝通的框架 ……………………………………… 139
保持和對方同一頻道 ……………………………………… 142

第六章　工作閉環在於良性循環

讓工作可交付 ……………………………………………… 148
以自動自發的態度工作 …………………………………… 152
完成了不等於閉環了 ……………………………………… 157
做過了與做好了的區別 …………………………………… 161
學會流程化做事 …………………………………………… 165
靠制度保持工作順暢 ……………………………………… 170
閉環控制和良性循環 ……………………………………… 175
和老闆保持思想同頻 ……………………………………… 180

005

第七章　打通自己的底層閉環思維

念念不忘，必有迴響……………………………… 186
把思維打通形成閉環……………………………… 190
丟掉「巨嬰思維」，莫做「職場寶寶」………… 197
努力讓想法「閉環」……………………………… 201
先完成，再完美…………………………………… 207
避免拖延，高效做事……………………………… 211

第八章　讓閉環思維成為一種習慣

小事也要「閉環化」……………………………… 216
以習慣為驅動……………………………………… 220
有邏輯地做事……………………………………… 224
以興趣之刃開路…………………………………… 228
拆解問題，提高效率……………………………… 232
打造正向閉環的能力，讓事情變得簡單高效…… 235

序言　主動閉合我們的思維

　　思維在我們的生活和工作中扮演著非常重要的角色，可以說在人的一生中，思維一直伴隨著我們，無論是好是壞，是優是劣，它都是不可或缺的。

　　思維於我們而言，就像一件幫我們「開路」的神器，平時潛藏在我們的頭腦中，需要的時候拿出來解決問題。不同的人，思維往往是不同的，有人說「人和人最大的區別不是別的，而是思維」。

　　這話有一定的道理，同一件事、同一個問題，不同的人來處理，結果可能千差萬別，就是因為不同的人，思考方式和思維系統是有區別的。

　　思維具有多樣性、多元性，也各有其不同的適用範圍和適用條件。但無論如何多樣、多元，它們都應該是能夠閉合的：有始有終、環環相扣，首尾呼應。一個有始無終、環節錯位、無法閉合的思維絕對稱不上是好的思維。能夠閉合的思維，即稱之為「閉環思維」。

　　閉環思維是一種能讓一件事或一項活動持續運轉並最終獲得結果的思維。其最早是由美國品質管制專家休哈特博士

序言　主動閉合我們的思維

（Walter Shewhart）提出來的，他的定義是這樣的：指對自己或他人發起的活動或工作，透過不斷循環和不斷反覆的過程完成它，並將其結果回饋給發起人的思考方式。

選擇的意義往往是高於努力的，因為選擇在前，努力在後，而且選擇事關方向，如果方向選擇有偏差，甚至南轅北轍，再怎麼努力也是枉然。閉環思維就有著類似選擇的作用。凡事總要思路上能順利貫通下去，行為上的付出才有意義。

閉環思維是一種高效實用的思維方式，被廣泛應用到生活的各個角落和各行各業中。從本質上看，閉環思維的核心是讓事物在時間軸上更好地疊代發展，最終形成一個完整的閉環。

對我們每個人而言，可能每天我們都在自覺和不自覺地運用著閉環思維安排事情、解決問題，但我們中的大多數人還都沒有十分清醒地意識到閉環思維的存在，更不要說能認識到它巨大的實用價值和功效，所以，為了能更好地應用閉環思維，讓我們的生活和事業順利躍上一個新臺階，實現我們那些看似遙不可及的夢想，我們有必要有意識地錘鍊思維，使之形成有實效的、對我們有益的閉環。

第一章
閉環思維與思維的正向閉環

閉環思維是一種常見卻容易被人忽略的思維方式，很多人意識不到它的存在，更缺乏對它的重視，可是它卻有著非常重要的作用。想要應用好閉環思維，首先就要深入了解它。

 第一章　閉環思維與思維的正向閉環

閉環思維：可閉合的思維

簡單來講，閉環思維就是有始有終且首尾能「相顧」的思維。從整個思維鏈來看，閉環思維是可以閉合和循環的，有開始，有結束，且首尾相接不斷開，而不是一條只通往一個方向、「有去無回」的直線。

圖 1-1　思維的閉環鏈

看下面兩個例子：

說把大象裝進冰箱需要幾步？地球人都知道，需要三步：第一步，開啟冰箱門；第二步，把大象裝進去；第三步，關上冰箱門。

請問，這個過程體現的是閉環思維嗎？

不是。為什麼？因為這只是一個單純的線性思維過程。雖然也有始有終，但是在這個過程中，這件事「有去無回」，單純地結束了，所以體現出來的不是閉環思維。

如果你是一個銷售人員，公司給了你客戶的名單，你連繫客戶，與客戶接洽，最後交易達成。請問，這體現出的是閉環思維嗎？

也不是，因為這個過程是不完整的，換一句話說就是沒有完整閉環，只有和客戶交易達成的過程，而沒有後續的客戶生產過程，也缺乏再執行過程，首尾沒有銜接，無法循環，所以體現出來的也不是閉環思維。

閉環思維很難見到嗎？不是的，恰恰相反，閉環思維的應用在工作和生活中十分常見，看一個簡單的例子：

有兩個工人同一時間進同一個工廠，做同樣的工作。工人甲吃苦耐勞，工作認真，聽主管的話，主管說怎麼做就怎麼做，沒有任何自己的意見，休息時逛逛街，滑手機，僅此而已。工人乙工作也認真，也吃苦耐勞，也聽主管的話，不同的是他喜歡思索自己的工作，喜歡研究工廠裡機器的工作原理和效能，思索不透就問負責機器的同事，或者休息時上網找相關的資料，自己研究解決。

久而久之，乙的見識和工作技能都提高了，也能時不時地提些意見和建議了。有些意見還獲得了主管的肯定。過了

 第一章　閉環思維與思維的正向閉環

　　半年，乙被提拔為所在生產小組的組長。又過了大半年，乙又被提拔為所在工廠的副主任。兩年後，乙成為這個工廠的副總經理，以技術為主，負責全廠工廠的生產。而甲這時依舊在工廠忙碌。

　　在這裡，乙的思維就是閉環的，他在做基礎工作時，沒有只做不想，而是有意識地去學習相關的專業知識，然後再將所學的知識運用到工作中，提升了工作技能，提高了工作效率，從而得到主管的賞識和信任，被委以重任，最終實現了職業生涯的升遷。

　　相反，甲的思維鏈就是非閉環的，他只著眼於自己手中的工作，思維也止步於如何完成工作，交差了事。

　　再看另外一個例子：

　　在短影音和網路直播大行其道的大背景下，很多人，尤其是年輕人都想參與到這時髦又吸金的經濟浪潮中，有兩個年輕創業者也投入其中，兩個人都製作了很多品質很好的短影音，也都成功上傳到平臺上。年輕人 A 的影片短時間內就獲得了大量的粉絲追蹤，但是他卻沒有及時去「閉環」，只為輸出而不停地拍攝、製作、上傳。

　　而年輕人 B 在獲得粉絲的同時，提醒粉絲追蹤影片中的產品，如果對產品感興趣，可以付費購買。這樣 B 的行為就形成了一個產品交易的「閉環」：製作影片→上傳平臺→追蹤

產品→付費購買，付費購買再反過來激發 B 更加熱情地製作影片，發布影片。

A 的影片是碎片化的，沒有一個核心目的，沒有可以持續的東西，短時間內固然可以依靠影片的熱度而獲得追蹤，但是時間一長，人們都審美疲勞了，找不到一個「輸出口」，自然就會選擇離場。從整體來看，A 的營運鏈是斷開的，雖然有始有終，但是卻沒有形成「閉環」。所以，A 的失敗從某種程度上來說是必然的。

如上所說，閉環思維在各行各業以及生活中是隨處可見的，只不過很多時候它是「潛藏起來的」，沒有顯現，即便發生影響和作用，也都是悄然進行的。只有當你意識到並有意應用時，它才會讓你感知到，而且無論你是否意識到它的存在，它都在發揮著影響和作用。

簡而言之，閉環思維活躍在我們的生活和工作中，且不以你我的意識而存在，是有始有終、首尾相顧、可形成有效循環的環形思維。「閉環」是它最主要和最明顯的特徵，那些只有「輸入」，而沒有「輸出」，或者「輸出」與「輸入」大相逕庭、相去甚遠的思維，都不是，也不能稱為閉環思維。

從實效性來說，你可以不具備完整閉環的能力，但是卻一定要具備了解完整閉環的能力。對一個企業而言，在了解了完整的閉環之後，把不同能力模型的員工輸送到對應的環

 第一章　閉環思維與思維的正向閉環

節，打造一個擁有複合能力的團隊，就可以推動整個閉環的運作。

事實告訴我們，幾乎每一個取得成就的領導者，每一個「聰明」人，都在自覺或不自覺地運用閉環思維來管理國家、企業和自己，都在閉環思維的指導下開展工作、處理問題。

一言以蔽之，閉環思維不可或缺，有之，事順；缺之，事滯。

思維閉環的正向性和導向性

思維可以是一條線，也可以是一個面，還可以是一個體。實際上，無論思維是哪一種形式，都有一個方向的問題。就像一束光，必然要朝著某個或某幾個方向照射一樣。閉環思維也是一樣的，有個方向性問題，那麼閉環思維的方向對思維的結果有什麼影響呢？

看下面這個例子：

普羅達哥拉斯（Protagoras）是古希臘一個著名的辯者。有一個叫歐提勒士（Euathlus）的年輕人慕名而來向他學習辯論技巧。學習之前，兩人簽訂了一個合約：普羅達哥拉斯向歐提勒士傳授辯論技巧，教他如何幫人打官司；作為報酬，入學時歐提勒士向普羅達哥拉斯付一半學費，剩下的另一半學費則等歐提勒士學成後幫人打贏一場官司時再一次性付清。

幾年後，歐提勒士在普羅達哥拉斯處學成畢業了，但隨之問題也出現了，由於歐提勒士總不幫人打官司，所以普羅達哥拉斯一直沒有得到剩餘的那一半學費。

最後普羅達哥拉斯等得終於失去了耐心，於是他將歐提勒士告上法庭。普羅達哥拉斯是這樣想的：如果歐提勒士打

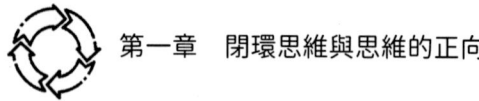 第一章　閉環思維與思維的正向閉環

贏了這場官司,那麼按照合約的約定,他應該付給我另一半學費;而如果歐提勒士打輸了這場官司,那麼按照法庭的裁決,他也應該付給我另一半學費。這樣無論歐提勒士打贏這場官司還是打輸這場官司,他都應該付給我另一半學費。

普羅達哥拉斯想得挺美,可是歐提勒士並不擔心,因為他的想法和老師普羅達哥拉斯的想法恰恰相反:如果我打贏了這場官司,那麼按照法庭的判決,我不用付給普羅達哥拉斯另一半學費;而如果我打輸了這場官司,那麼按照合約的約定,我也不用付給普羅達哥拉斯另一半學費。就是無論我打贏這場官司或者打輸這場官司,我都不用付給他另一半學費。

就這樣歐提勒士和老師普羅達哥拉斯都信心滿滿地站上了法庭。

這就是著名的「兩難推理」。且不論兩人誰說得有理,此處單看他們兩人思維的展開和結果。我們看到,普羅達哥拉斯和歐提勒士兩人從不同方向出發,將思維延伸,最終各自形成了閉環。雖然都形成了閉環,可是他們的思維結果卻是截然相反、彼此對立的。這說明思維方向的差異可造成巨大的結果反差。兩者息息相關。

我們可以大略將閉環思維分為兩類,一類是正向閉環思維,一類是反向閉環思維。這樣閉環思維的方向也就相應分為

了兩種,一種是正向,一種是反向。正向的閉環思維就是思維朝著正確的方向發展,最終形成良性的閉環,其結果通常情況下是好的。比如前面提到的年輕創業者 B 的營運交易閉環:製作影片→上傳平臺→追蹤產品→付費購買→製作影片。

而反向閉環思維則與之相反,其出發點是錯誤的,或者是失之偏頗的,然後在不正確的道路上持續走,最終形成惡性循環,導致產生不好的結果。比如拖延症的產生,本不想熬夜,但是偏偏做事拖延,快要到完成日期了,又不得已熬夜工作,導致第二天精神不振,工作效率下降,然後又不得不熬夜趕工,接著第二天依舊精神不佳,這樣就形成了惡性的閉環。

由此可見,思維上形成一個閉環固然是非常重要的,但是一定要形成一個正向的閉環,這樣才有可能發揮出思維閉環的正向性和導向性,要不然只會遭受其惡果。明知拖延會帶來一系列壞的結果和影響,那麼就要提醒自己,該行動時一定要行動,在合理的時間內完成既定任務,不要今天的工作推到明天去做,明天的工作推到後天去做,最後不得不熬夜工作。睡眠充足了,精力充沛了,工作效率就有了保障,這樣就會形成一個正向的閉環。

所以做事之前,首先要考慮到思維的方向性問題,要對自己所做的事情進行正向閉環的規劃,要創造形成正向閉環

 第一章 閉環思維與思維的正向閉環

的條件,激勵、發揮積極因素,推動各個環節步入正軌,最終形成一個個正向的閉環,並使其發揮導向作用。

在做總統之前,林肯曾是一位律師。有一天,他接到一件案子:一個叫阿姆斯壯的人被人誣告為謀財害命的凶手。一個叫福爾遜的證人堅稱,他目睹了阿姆斯壯在午夜行凶殺人。接手這個案子後,林肯仔細做了大量的調查,並親自勘查了現場,最終摸清了事實。

開庭時,林肯巧妙地採取了迂迴戰術,沒有直接揭露證人的謊言,而是設了一個「局」,最終使證人的證詞不攻自破。他們的對話過程以下:

林肯:你起誓說看清了阿姆斯壯?

福爾遜:當然。

林肯:你說你當時在草堆的後面,阿姆斯壯在一棵大樹下面,你們相距有二三十公尺,能確認自己能看清嗎?

福爾遜:看得非常清楚,因為當時月光很亮。

林肯:你確信不是憑衣著猜測的嗎?

福爾遜:我絕對看清了他的面目,因為月光正照在他臉上。

林肯:你能肯定凶殺時間正是晚上十一點鐘嗎?

福爾遜:當然,因為我回家後看了時鐘,正好是十一點一刻。

聽到這裡，林肯馬上向法庭宣告：

證人是個十足的騙子。他言辭確鑿地說，18日晚上十一點鐘月光照在凶手的臉上，所以他認出了阿姆斯壯。然而，請法庭注意，10月18日是上弦月，十一點鐘的時候月亮早就下了山。即使月亮沒有下山，月光能夠照到被告的臉上，這時被告臉朝向西面，而證人在樹東面的草堆後，怎麼能看到被告的臉？如果被告回頭，月光就照不到他的臉，那證人也就沒有辦法認出他。所以無論哪種情況，證人都在說謊。

庭審中，林肯在詳細調查的基礎上，預設好「埋伏」，然後引導對方一步步進入其中，接著在取得證詞後發起進攻，最終以不可辯駁的言辭揭露了對方的謊言，讓對方搬起石頭砸自己的腳，無可逃遁，只得承認做了偽證，從而贏得了這場官司。這就是正向思維閉環的作用和意義。

第一章 閉環思維與思維的正向閉環

「蝴蝶效應」與思維閉環

有些時候，思維上的閉環，如同自然界中的「蝴蝶效應」，由小引發，以大收尾。讓我們再看一下「蝴蝶效應」是怎麼回事。「蝴蝶效應」最常見的一個闡述是：

南美洲亞馬遜河流域熱帶雨林中的一隻蝴蝶，一天閒來無事，偶爾搧動了幾下翅膀，兩週以後引發了美國德克薩斯州一場龍捲風。這看似荒誕，但實則確有關聯。

這個效應的因果依據和連鎖反應在於：蝴蝶翅膀的運動，讓牠身邊的空氣系統產生變化，並引起微弱氣流的產生，而微弱氣流的產生又導致它四周空氣及其他系統產生一定的變化，一環推動一環，由此引起一連串的連鎖反應，最終導致其他系統的極大變化。

概而言之，「蝴蝶效應」的本質是一件表面上看來十分微小的事物的改變，可能會產生巨大的效應。反過來看，它說明事物發展的結果，對初始條件具有極為敏感的依賴性，初始條件很小的偏差，可能會引起結果的巨大差異，可謂牽一髮而動全身。

是不是有些牽強附會或者誇大其詞呢？實際上不是的。因為很多看似毫無關聯，沒有半點關係的兩個事物，實際上

可能關係緊密，甚至息息相關。

有這樣一個流傳甚廣的西方民謠：

丟失一個釘子，壞了一隻鐵蹄；壞了一隻鐵蹄，折了一匹戰馬；折了一匹戰馬，傷了一個騎士；傷了一個騎士，輸了一場戰鬥；輸了一場戰鬥，亡了一個帝國。

這個民謠描述的是一個真實的歷史故事。我們可以把這個民謠看作是具象化及形象化的「蝴蝶效應」，那個丟失的釘子就相當於熱帶雨林中的那隻蝴蝶搧動了翅膀，而帝國的消亡就相當於德克薩斯州那場驟起的龍捲風。其實早在一千多年前，古人就說過類似的話，《禮記·經解》載：易曰，君子慎始，差若毫釐，謬以千里。《魏書·樂志》載：但氣有盈虛，黍有鉅細，差之毫釐，失之千里。

深入研究「蝴蝶效應」，我們會發現它形成了一個閉環系統，從蝴蝶搧動翅膀，到驅動德克薩斯州產生一場龍捲風，再到龍捲風影響其他生物（包括蝴蝶本身），形成了一個閉合的生態系統，而且，這個閉環系統的條件和結果一小一大，形成了巨大的反差。

將這個現象回饋回我們的生活中，也很好理解，一個生產企業，不在源頭上把好產品關、品質關，忽視小的瑕疵，那麼必然有一天會搬起石頭砸自己的腳，小的瑕疵最終帶來大惡果。相反，如果合理安排，嚴格要求，不放過一點瑕

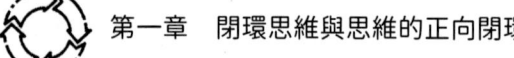

第一章　閉環思維與思維的正向閉環

疵，有問題及時回饋解決，那麼也會相應帶來令人滿意的結果。看下面兩個生活例子就知道了。

1. 二戰期間，美國空軍使用的降落傘合格率為99.9%。這個合格率已經很高了，即便放在現在，這個合格率也是很多企業難以達到的。但是這個合格率同時也意味著，每一千次跳傘就會有一人去死神那裡報到。如果是萬次、十萬次、百萬次跳傘呢？影響就很大了，所以美國軍方要求降落傘合格率必須達到100%，否則退貨。

廠商覺得軍方有些強人所難，在他們看來，能達到現在這個合格率已經是無可挑剔的了，不管採取什麼辦法，都不可能讓合格率達到100%。

最後還是美國軍方想出一個「完美」的解決辦法，他們要求降落傘廠商在成品出廠後隨機抽取其中1件，讓負責人穿上然後讓其從飛機上跳下。廠商默然。最終奇蹟出現了，在這個要求提出來以後，廠商提供的所有批次降落傘的使用合格率均為100%。看來，不是達不到，而是想不想的問題。

2. 卡莉‧費奧瑞娜（Carly Fiorina）畢業於史丹佛大學法學院。她畢業後做的第一份工作是在一家房地產公司當電話接線員，每天的工作內容就是打字、複印、收發檔案、整理檔案等雜事。卡莉的父母和親戚朋友都對她的工作感到不滿意，他們認為這些不是一個史丹佛大學的畢業生應該做的

事，但卡莉本人卻沒有絲毫的怨言，而是一絲不苟、認真細緻處理每一件事。

一天，公司的經紀人請她幫忙寫份文稿，她同意了。而正是這次撰寫文稿的機會，她的才能得到了公司領導層的追蹤，最終得以提拔重用。這位卡莉·費奧瑞娜就是惠普公司的前 CEO，也被尊稱為世界第一女 CEO。

世上萬事萬物皆有連繫，也皆處於一個個閉環系統中，凡事有因才會有果，沒有任何一件事是無緣無故的，都是有前因後果的。平時我們要注重提高自己的閉環思維意識，目光放長遠，同時著力培養自己的閉環系統思維，努力用閉環思維去處理事情、解決問題。

 第一章 閉環思維與思維的正向閉環

思維閉環是生活的大智慧

閉環化思考事情是心理成熟的一個重要象徵,同時也代表了一種人生的智慧。

一個老人臨去世時對好朋友說:「我就一個兒子,雖然他並不聰明,但是我還是希望他能成為世界銀行的副總裁,洛克斐勒財團的董事,並成為現任總統的女婿。」

老人去世後,老人的朋友為完成老人臨終遺願,想出一個辦法。他先找到世界銀行的總裁,對他說:「我向您推薦一位優秀的年輕人,他將成為洛克斐勒財團的董事,還有現任總統的女婿,這樣的年輕人你願意任命他為世界銀行的副總裁嗎?」總裁考慮了一下就答應了。

老人的朋友又去找洛克斐勒財團的董事長,對他說:「有這樣一位優秀的年輕人,他是世界銀行的副總裁,並且即將成為現任總統的女婿,您認為他是否有資格成為洛克斐勒財團的董事?」洛克斐勒財團的董事長考慮了一下也答應了。

最後,老人的朋友又想辦法見到了總統,跟對方說:「有一位優秀的年輕人是世界銀行的副總裁,洛克斐勒財團的正式董事,想成為您的女婿,您看可以嗎?」總統考慮過後也答應了。就這樣老人的兒子成了洛克斐勒財團的董事、世界

銀行的副總裁和現任總統的女婿。老人的遺願實現了。

一件不可思議的事情在老人朋友的神奇操作下魔幻般地變成了現實。是什麼在發揮作用？仔細探究就會發現，是幾個虛實相接的閉環思維締造了這個奇蹟。這些思維看似虛，又不完全虛，看似實，又摻雜著虛，先虛後實，虛實相間，但無一例外都形成了閉環，虛的閉環，實的閉環，小的閉環，大的閉環，環環相扣，最終形成一個無懈可擊的閉環，充滿了人生的智慧。

再看下面這個例子：

有三個年輕人一起外出打拚。他們在一個偏僻的山鎮發現了商機。當地特產一種又紅又大、味道香甜的蘋果，但受資訊、交通所限，蘋果僅在當地銷售，售價非常便宜。

第一個年輕人，將身上全部的錢購買了蘋果，然後將蘋果運回家鄉後以高兩倍的價格出售，這樣往返數次，他成了家鄉第一名富翁。

第二個年輕人，用身上一半的錢，購買了蘋果苗，運回家鄉後，用另一半的錢承包了一片山坡，然後栽上蘋果苗。三年時間，蘋果苗長成了一片果林，但他到現在卻沒有任何收入。

第三個年輕人，既沒有買蘋果，也沒有買蘋果苗，只帶了一包果樹下的泥土回家。回去後他把泥土送到當地的農業

 第一章　閉環思維與思維的正向閉環

科學研究所,請研究人員幫忙分析土壤的成分。之後,他承包了一片荒山坡,用整整三年的時間,開墾、培育出與帶回泥土一樣成分的土壤。隨後,他購買了蘋果苗,在上面栽種。

光陰荏苒,十年的光景一晃過去了,再看看這三個年輕人,發現他們的命運已迥然不同:

第一個買進賣出蘋果的年輕人,現在每年依然還在買進賣出,但由於當地資訊和交通已經很發達,競爭者多了起來,利潤已經大不如前,所以賺的錢很少,只能說勉強維持。

第二個購買樹苗栽種的年輕人,已擁有了自己的果園,但是因為土壤的差異,結出來的蘋果甜度不夠,但是仍然可以賺到相當的利潤。

第三個培育果園土壤的年輕人,他種植出來的蘋果,無論是外形、色澤,還是味道,和原產地蘋果相比不相上下,再加上銷售得當,每年都會吸引來無數購買者,賺得盆滿缽滿。

實際上,三個年輕人的行銷軌跡都形成了一個閉環,但第三個年輕人的閉環顯然更高明、更長久,由此所取得的成就相應比另外兩個夥伴的要大。

仔細探查,你就會發現世上很多「圓滿」的事物,最終

都是一個個的「環」，不然為什麼叫「圓滿」呢？世界形成了無數個「圓」，太陽是個圓，地球是個圓，水滴是個圓，生命還是個圓，大多數事物都形成了自己的「圓」，有始有終，循環往復。在每一種「圓」外，又有無數個看得見、看不見的「圓」。

人生的智慧也正誕生於這無數個「圓」中，且循環往復，生生不息。話要說「圓」，方不傷人；事要做「圓」，方可避免紕漏。

古時科舉，一考生文采出眾，但卷上有一個錯別字。考官叫來考生問：「這字，對嗎？」考生底氣十足大聲回答：「對，我十分肯定。」因不懂禮數（在古代，禮數被看得很重），這個考生沒有被錄用。一年後，考官找到這名考生，再次問他：「這字，對嗎？」這次，考生謙虛地說：「有待商榷，學生才學有限，不敢肯定。」考官很滿意，遂舉薦考生入朝為官。

世上很少有絕對正確的事物，一切都是發展變化的，知識也是如此，知識之外是更廣的學識，只有站在更高層次上認知到這一點，才能形成高級別的閉環，才能讓自己充滿智慧。

 第一章 閉環思維與思維的正向閉環

第二章
閉環思維就是思考有迴路

　　要想讓一項活動順暢進行下去，首先需要在思路上先行貫通。而思路的貫通，實際上就是思考有迴路。只有思考有迴路，才可能讓所做的事情有迴路，最終才能實現完整的閉環。

 第二章　閉環思維就是思考有迴路

好的思維都是有迴路的

好的思維都是閉環的，不過可不是下面這種「閉塞的環」。

一個富人來到一個風景優美的山區遊玩，他感慨於當地自然美景的同時，又驚訝於當地的貧窮，他突然有了一個想法，想投資一筆錢用於改變這裡貧窮的面貌。興之所至，他攔住面前經過的牧童，由此有了下面的一番對話：

富人：「你每天放牛為了什麼？」

牧童：「為了賺錢。」

富人：「那賺了錢要做什麼？」

牧童：「娶老婆。」

富人：「為什麼娶老婆？」

牧童：「生小孩。」

富人更有了興趣：「那有小孩之後呢？」

牧童：「放牛。」

富人愣住了，一時無語，不知道該說些什麼。

左思右想，富翁最後放棄了投資這裡的想法。

好的思維都是有迴路的

一個男孩經朋友介紹認識了一個外地女孩。兩人互加了社群軟體，開始在網路上聊天。

男孩：「在嗎？」

女孩：「在呢！」

男孩：「吃飯了嗎？」

女孩：「吃了。」

男孩：「在幹什麼？」

女孩：「上網。」

男孩：「妳那裡天氣好嗎？」

女孩：「還可以啊，挺好的。」

男孩：「哦，那妳忙嗎？」

女孩：「不忙。」

然後男孩不知道該問什麼了，女孩也沒有說話。過了一會兒，男孩說：「我沒什麼事，就想問問妳忙不忙。」

女孩：「我說了，不忙，就先這樣吧。」

聊天到此結束。

這場尬聊主要責任在於男孩。因為男孩的話題都是那種「閉合」性的話題，容易把天「聊死」，顯然，這樣的「閉環」不是正向「閉環」，沒有形成良好的「迴路」，假如聊天這樣進行：

 **第二章　閉環思維就是思考有迴路**

男孩：「吃飯了嗎？」

女孩：「吃了。」

男孩：「吃的什麼好吃的？」

女孩：「叫外送的，牛肉麵。」

男孩：「呀，總吃外食不好，其實牛肉麵自己做也很省事的。」

女孩：「可我不會。」

男孩：「我來教妳，很簡單的，先……」

話題由此展開。如果交談中發現某個話題對方不感興趣，或者有牴觸心理，可以馬上轉移成合適的話題。總之，多聊對方感興趣的，多聊容易展開的，這樣聊天所形成的閉環就是好的閉環，也多半會取得令人滿意的效果。

再看下面這個例子：

古時，兩個好朋友相約去大城市做生意。一個人隨身帶了一些錢，又把剩下的錢和朋友的錢合在一起埋在一個隱祕的地方。臨行前，朋友說身體不舒服，要休息幾天再上路，於是這個人就自己先上路了。途中，這個人遭遇了土匪，身上的錢被搶走了，所幸人沒事。沒了錢，這個人只好返回。他想先把埋的錢取出來再去找那個朋友。

令他吃驚的是，先前和朋友一起埋的錢不翼而飛了。吃驚過後，他冷靜下來，開始仔細梳理此事。埋錢的地方只有

自己和那個朋友知道，朋友臨行前卻忽然稱病不去，似乎有些巧合。他猜極有可能是朋友背著自己拿走了錢。想到這裡，他想直接去找朋友問個清楚，可轉念一想，如果朋友不承認怎麼辦，自己又沒有真憑實據證明是對方私拿了錢。

他思索來思索去，終於想到了一個辦法。他找來一塊布，包了一些石頭，然後拿著去了朋友家，高興地對朋友說：「我在路上做了筆買賣，賺了一些錢，想把錢埋在原來的地方，你和我一塊兒去吧。」

由於之前埋的錢確實被這個朋友拿去了，朋友原本不想再一起去埋錢，但又想得到這筆錢，於是想了想還是答應了同去，但是又推說有點事要處理，請這個人先回家，自己處理完事情再去找他一起去。

趁這個人離開的那段時間，那個朋友帶著先前挖出來的錢直奔埋錢的地方，並把錢重新埋到原位，然後跑到這個人家裡說自己的事情處理好了。這個人便拿著沉甸甸的包裹和朋友一起出了門，來到之前埋錢的地方。這個人挖出了埋的錢後，又把帶來的包裹埋了進去，然後一句話沒說就走了。朋友有些吃驚，後來，等他獨自一人偷偷挖出那個包裹一看，裡面竟然全是石頭，他隨即明白了是怎麼回事。

這個人是聰明的，他的思維鏈是閉環的，試想一下，如果在發現錢丟了以後，他直接去問那個朋友，相信這錢是要不回來的，因為沒有證據證明錢被朋友拿走了。但是轉換思

 **第二章　閉環思維就是思考有迴路**

維後，利用朋友的貪心使其「自投羅網」，這樣從設局、布局，實施，到結局，就形成了一個正向閉環，從而讓事情得到了完美的解決。

可以說，好的思維都是閉環的，都是有「迴路」的，既環環相扣，又首尾相顧，銜接緊密。顯而易見，這樣的「思考迴路」對問題的解決無疑是有利的，也是必要的。

閉環思維提供做事的邏輯

做事需要邏輯，否則就會顛三倒四，沒有主次。而做事的邏輯實際上就是一條「線」，一條可以「閉合」的線，在「這條線」上，計畫、行動、落實、結果、回饋，再推進，前後有序、有條不紊地展開，而這體現出來的就是閉環思維。

從這一點來看，閉環思維是做事的方法論，提供的是做事的邏輯，而不是具體的行動。一個擁有閉環思維的人，做事一定是非常有條理和目的性的，知道要做什麼，應該做什麼，先做什麼後做什麼，而且有始有終，做任何事情都能夠按照閉環思維的邏輯去進行，讓整件事情自始至終都處於自己的掌控之中，即便無法完全掌控，也對事情的來龍去脈、因果連繫有著很清晰的了解，並力所能及作出自己的努力。

有兩個出家人住在相鄰兩座山的兩座廟裡，由於山上沒有水，兩個出家人都需要到山下去挑水。他們挑水的地方是山下的同一條小溪。兩個出家人每天下山挑水，經常見面，久而久之，熟悉並成了朋友。

日復一日，生活悄然而過。一日A出家人下山挑水沒有看到B出家人。A出家人沒有多想，以為對方睡過頭了。第二天，A出家人還是沒有看到老朋友，他還是沒往心裡去。

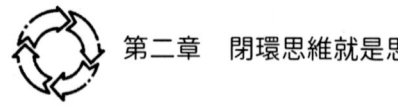 第二章　閉環思維就是思考有迴路

　　轉眼間，半個多月過去了，A 出家人終於沉不住氣了，自語：「難道是生病了，那沒有水怎麼生活⋯⋯」於是他決定挑一擔水送去給老朋友。

　　到了老朋友的廟裡，讓他十分吃驚的是，老朋友不但沒有生病，反而正氣定神閒地在練劍。A 疑惑地問老朋友：「最近你怎麼不下山挑水了呢？還以為你生病了呢？」B 聽後笑著說：「下山挑水的這幾年，我利用空閒時間在山上挖井，雖然每天只挖一點點，但日積月累，半個月前終於挖成了一口井，現在可以不用下山挑水吃了，也有時間做自己喜歡的事了。」

　　B 沒有像 A 一樣「當一天和尚撞一天鐘」，而是做了有目的性的規劃，然後在規劃的驅動和指引下逐步落實各個環節，最終達成心願。這種行事方式遵循的就是閉環思維邏輯。正如上面所說，閉環思維能夠提供我們做事的邏輯，指導我們如何行動，如何達成目的，而不會貿然行事。

　　一次詩人但丁（Dante Alighieri）路過一個鐵匠鋪，聽見裡面一個鐵匠一邊打鐵，一邊唱著他的詩歌。但丁駐足聽了一會兒，很生氣，因為鐵匠隨意縮短和加長詩歌，讓詩歌的韻律美消失殆盡。

　　但丁本想衝進去大聲怒斥鐵匠，但忽然想到鐵匠未必肯接受批評，於是但丁決定換一種方式，他想了想，有了主意，只見他直接走進鐵匠鋪，然後二話不說，將鐵匠的工具

一件一件扔在地上,發出「乒乒乓乓」的極不協調的聲音。

鐵匠正要發怒,但丁突然發問:「好聽嗎?」鐵匠不明所以,自然回答:「好聽什麼,難聽死了!」但丁馬上又問:「既然知道不好聽,那你為什麼唱我的詩歌不按我寫的格式去唱,詩的韻律美都讓你破壞了!」鐵匠隨即明白了但丁的用意,急忙道歉。

一個煤廠存放在院子裡的煤發生了自燃,事後煤廠請來專家幫助設計防火方案。專家來了之後,沒有急於動手,而是先尋找存煤發生自燃的原因。經過實地勘察和尋找資料,最終專家找到了存煤發生自燃的原因。煤是有機物的產物,堆積在空地上,時間長了,煤氧化導致熱量升高,溫度也隨之升高,等溫度升到煤的燃點時,就發生了自燃。

原因找到後,就可以從產生自燃的因果關係出發來制定預防方案了。最後,專家提出了四個具體的防存煤自燃方案,有效地解決了存煤自燃的問題。

(1) 存煤分開儲存,且每堆不宜過大;
(2) 嚴禁存煤中夾雜易燃雜物;
(3) 定期幫存煤通風,防止蓄積溫度過高;
(4) 存煤堆放時間不宜過長。

簡而言之,要想讓某件事或某項工作水到渠成順利完成,必然需要一個科學的指引,而這個科學的指引就是做事

第二章　閉環思維就是思考有迴路

的邏輯。那又是什麼提供了做事的邏輯呢？

從上面的分析我們知道，為我們做事提供邏輯的是思維，而想要事情有個好的結果，這個思維就必須是閉環思維，也就是說是閉環思維提供了我們做事，並將事做對的邏輯。從制定規劃方案，到行動落實，到內化，再到回饋，都是閉環邏輯驅動的結果。

由此我們得出，沒有閉環思維的支撐，做事的邏輯就是雜亂無章的，所以說，若想讓某項工作順利、圓滿完成，一定先要將我們的思維鏈完整閉環。

閉環思維是歸納法和演繹法的結合

歸納法和演繹法是邏輯推理的兩種主要方法。歸納法也稱為歸納推理，是由特殊具體的事例推匯出一般原理、原則的邏輯推理方法，通常存在於具體的對象和現象之中，然後透過認識個別推匯出一般性原理或原則。

根據前提對象範圍的不同，可以將歸納推理分為完全歸納推理和不完全歸納推理。完全歸納推理是指根據某類事物中的每一個對象（記住是所有對象），是否具有某種屬性，推匯出該類事物都具有某種屬性的推理。推理形式如下：

S1 是 P

S2 是 P

Sn 是 P

S1、S2、Sn 是 S 類的全部個體對象

則所有 S 都是 P

舉個例子：

A 小學「五年三班」班幹部成員有：班長、副班長、風紀股長、學藝股長、體育股長、衛生股長，其中，

班長是男生，

第二章　閉環思維就是思考有迴路

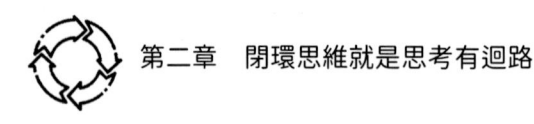

副班長是男生，

風紀股長是男生，

學藝股長是男生，

體育股長是男生，

衛生股長是男生。

則可以推理出「五年三班」班幹部成員全部是男生。

完全歸納推理是在考察了某類事物中所有的個體對象，且結論斷定的範圍沒有超出這類事物的範圍的情況下，才是正確的。

不完全歸納是指根據某類事物中的一部分個體對象（記住是部分對象），是否具有某種屬性，推匯出該類事物具有某種屬性的推理。不完全歸納又可分為簡單列舉歸納推理和科學歸納推理。無論是簡單列舉歸納推理還是科學歸納推理，都只是透過考察部分對象事物，而斷定這類事物具有或不具有某種屬性。

由上面論述可知，完全歸納推理通常適用於數量不多的事物，而不完全歸納推理通常適用於數量極多的事物。完全歸納推理百分之百是正確的，而不完全歸納推理則不是百分百正確。

下面再說一下演繹推理法。與歸納推理法相反，演繹推理法是由一般到特殊的推理方法，就是從一般性的前提出

發，透過推導，得出關於個體的陳述或結論的推理方法。演繹推理法中推論的前提和結論之間的連繫是必然的。結論蘊含在前提中，沒超出前提的範圍。舉個例子：

B 小學「五年三班」所有學生都來自市區。

小明是 A 小學「五年三班」的學生。

所以，推斷出小明來自市區。

歸納法和演繹法是兩種不同的推理方法，它們相互連繫、相互補充、不可分割。很多時候，對某件事的推導，既要用到歸納法，也要用到演繹法。只有兩者同時運用，互為補充，才會實現真正意義上的閉環。換一句話說，閉環思維離不開歸納法和演繹法。

大偵探福爾摩斯常說的一句話是：排除一切不可能的，剩下的即使再不可能，那也是真相。雖然福爾摩斯常用的推理方法是演繹法，但是歸納法也是必不可少的。他常常是將結論和線索結合起來，作出多種合理的假設，然後再對假設進行反推，在反推的過程中驗證假設，最終得出正確結論。

在《恐怖谷》(*The Valley of Fear*) 中，線人波洛克 (Fred Porlock) 寫了一份密碼信給福爾摩斯，卻沒有給密碼本。密碼信中提出了一個數字 534，又提出一個符號 C2。福爾摩斯假設 534 表示頁數，C2 代表一頁兩欄，再結合密碼本有統一的版式，推斷出密碼本應是一本「年鑑」。

第二章　閉環思維就是思考有迴路

這裡，福爾摩斯就運用了歸納推理，準確說是運用不完全歸納法推導出結論的，之後又運用演繹法推導出密碼信的內容，最終完成了思維的閉環。後來隨著調查的逐步進行，證實了福爾摩斯之前的推斷是完全正確的。

在〈六座拿破崙半身像〉（The Adventures of the Six Napoleons）一案中，福爾摩斯根據被打碎的幾座拿破崙半身像都出自同一模型推斷出拿破崙半身像被破壞的原因可能與雕塑出自同一模型有關，並進而推斷出作案者接下來會去破壞剩下的兩尊出自同一模型的雕塑。

這裡面，福爾摩斯運用的就是完全歸納推理法。在後續的調查中，福爾摩斯又結合運用了演繹推理，最終將案件的真相調查清楚。

華生是福爾摩斯生活中的好友和工作上的得力助手，一次，華生出了一個難題給福爾摩斯。他拿出一支錶對福爾摩斯說：「現在我這裡有一支剛得到的錶，你能不能從它上面看出它原來的主人，並說出他的性格和習慣呢？」

福爾摩斯拿過錶，仔細觀察後說：「這支錶是你哥哥的，是你父親留給他的。」華生大吃一驚，就問他怎麼知道的。福爾摩斯說：「按照習慣，凡是珠寶一類的東西，多是傳給長子；長子又往往襲用父親的名字。如果我記憶沒有出錯，你父親已去世多年，所以我斷定這支錶是在你哥哥手裡的。」

華生吃驚得說不出話來。福爾摩斯又說：「你哥哥是一個放蕩不羈的人，生活潦倒，偶然境況會好些，最後因為嗜酒而死。這都是我從錶上看出來的。」

華生忙問：「為什麼這麼說？」

福爾摩斯說：「我認為你哥哥行為不檢點。請看這支錶，不僅上面邊緣有兩處明顯凹痕，整個錶的上面還有無數小劃痕，這是因為習慣於把錶放在有錢幣、鑰匙一類硬東西的口袋裡的緣故。對一支價值五十多英鎊的錶這樣不經心，說他生活不檢點，總不算過分吧！」

「倫敦當鋪的慣例是：每當收進一支錶，必定要用針尖把當票的號碼刻在錶的裡面。用放大鏡細看裡面，發現了這類號碼至少有四個。由此得出的結論是：你哥哥經常貧困潦倒。有時，他的境況會好一點，否則他也沒有機會去當鋪贖回典當品。最後請注意，這有鑰匙孔的裡蓋，鑰匙孔旁邊有上千個傷痕，這是由於被鑰匙摩擦而造成的。清醒的人插鑰匙，不是一插就進去嗎？醉漢的表沒有不留下這種痕跡的。因為他晚上上弦，醉後手腕發抖，所以才會留下這麼多痕跡。」華生聽後，十分佩服。

事實告訴我們，在處理某個問題或開展某項活動，尤其是較為複雜的問題和活動時，歸納推理法和演繹推理法通常要結合運用，相互補充，才可能將問題釐清並處理圓滿，最

第二章　閉環思維就是思考有迴路

終實現真正意義上的思維閉環。當運用歸納法已無法滿足要求時（「我昨天依成長曲線買進，實現了利潤的增長，明天應該也能」），就要運用演繹法去「追本溯源」，挖掘到問題的根源在哪裡，然後對症下藥，才能從根本上解決問題。

歸納法相當於透過已知獲得經驗，而演繹法則類似於「為什麼」的追問，兩者結合，建立雙重思考模式，才可能提高工作的效率，讓思維實現真正的閉環。

把問題作為思考的入口

人類認識世界和改造世界的過程,實際上就是一個不斷發現問題、認識問題和解決問題的過程。所以,無論是理論研究還是實踐工作,都要把問題當作導向,讓問題指引前進。思維也是一樣,需要把問題當作入口,圍繞問題展開一系列分析、考量,最後採取合適的方式,解決問題。這一論斷得到了大量事實的例證。

多年以前,美國西海岸有個碼頭,來往的商船很多,依靠此碼頭謀生的工人成千上萬。每隔三年,碼頭工會都會與碼頭管理層進行一輪勞資談判。工會要求管理層不要隨意裁員,要保證工人工作的機會。為此管理層不得不放棄採用更先進的裝卸技術,但是負面問題產生了,由於不採用先進的裝卸技術,影響了裝卸貨的速度,碼頭的業務開始萎縮,利潤出現縮減。

在新一輪談判時,管理層把這一問題擺在工會面前,要求工會同意裁員,同時採用先進的裝卸技術,以節約成本,增大利潤。經過多次談判,雙方最後達成一致意見,工會同意取消之前的限定,而作為補償,管理層同意拿出鉅額資金補償失業工人。

第二章　閉環思維就是思考有迴路

事後看這件事會發現，這個協定雖然代價巨大，但與長期利益相比卻是微不足道的。新營運模式的施行極大地提高了碼頭裝卸貨物的能力，工作效率較之前有了大幅提高，碼頭業務量激增，利潤也大為增加。隨著碼頭業務量的攀升，工人工作的機會和待遇也變得越來越多、越來越好，可以說多方獲益。

從某個角度來看，是當初的問題引發了相應的思考，才有了後面一系列的決策、方案，沒有最初的問題，也就沒有後續的其他事情。

無論對公司還是個人來說，問題都是引發思考的入口，對思維的形成有導向作用，所以要提高對問題的重視，包括對問題發生的背景、緣由、所產生的作用、所造成的影響，以及解決的方式、方法，都要仔細考量、認真對待，揣摩清楚，然後制定有效措施，這樣才有可能獲得想要的結果。

瑞士手錶享譽世界，幾乎壟斷了全世界的高階手錶製造產業，但在 1970 年代卻經歷了一次較大的危機。這次危機差點摧毀了瑞士的手錶產業。日本手錶製造商是這次危機的製造者，他們在參考瑞士手錶的基礎上生產出了一種跟瑞士手錶一樣走時精準，但成本卻只有瑞士手錶十分之一的電子手錶。

這種手錶投入市場後，迅速迎來消費者喜愛，對瑞士手

錶造成極大的威脅。瑞士手錶製造商、經銷商馬上行動起來，但是最初他們錯誤地認為他們的手錶品質還不夠好，於是決定維持傳統的手錶設計，然後在品質上更加精益求精。新手錶上市後他們提高了售價，可市場並沒有像他們想像中那樣好轉。實際上，瑞士手錶商作出的判斷是錯誤的，他們搞錯了問題根源，思考的方向發生了錯誤。

瑞士商人的錯誤為日本商人製造了一個更加好的機會，他們對手錶工藝進行了進一步的改進，製造出當時世界上最薄的手錶，這加劇了瑞士手錶的危機。

瑞士商人終於認識到了錯誤，他們開始反思自身，重新審視產品設計，最後決定從產品款式和成本上下功夫。由於有著極為豐厚的技術積累，一番折騰後，他們設計出多款既保持原有設計水準和精確度，同時價位又能為大眾市場所接受的手錶。這次產品投放市場後，迅速走紅，迎來銷售狂潮，瑞士手錶由此重回市場壟斷地位。

可以說，瑞士商人的正確思路為最終的勝利奠定了基礎。

透過這次事件，人們再一次認識到，要把問題當作思考工作的導向。為此需要把問題研究透澈，不要被事情的表面現象所迷惑，努力弄清問題的實質，發現事情真正的矛盾，解決問題的實質核心，最終為思維形成正確的閉環指明方向。

第二章　閉環思維就是思考有迴路

在工作和生活中，我們遇到的問題大致可分為以下幾個類型：

(1) 對與錯的問題。這類型的問題屬於是非對錯的判斷問題。對這類型問題，依據各種資訊判斷其正誤後，作出相應判斷或決定即可。

(2) 做不做的問題。這類型的問題與對與錯問題略有不同，它不需要直接作出對與錯的判斷，而是在作出選擇之後涉及對與錯，並由此承擔一些相應的後果，如「這次我們選不選擇在國際展覽會布展？」或「和 A 品牌的合作今年還繼續嗎？」就屬於此類問題。

(3) 有多項選擇的問題。這類型問題有多個選項，每個選項又可能涉及多個相應結果。這類型問題比較複雜，需要進行多方面的考量和邏輯分析，才能作出適宜的選擇。

(4) 沒有答案的問題。世上並不是所有的問題都有清晰的答案，有相當多的問題比較複雜，影響因素多，短時間內是不容易作出解答的。對這類問題只能深入分析，探討各種答案的可行性，最終作出判斷和決定，並承擔相應的後果。

對相對複雜的問題，或隱藏在真相下面的問題，要練就一雙慧眼，能「霧裡看花」，從全域性出發，以策略的眼光及敏銳的洞察力看待問題，不被表面現象所干擾，能透過現象看本質，把影響事物、有決定作用的真正問題、因素找出來。

這就要求我們，一要努力提高對問題的察覺和認知能力，平時多掌握些專業知識，遇事積極思考，拓展思維，培養由淺至深看問題的做事習慣；二是嘗試站在更高層面看待、審視問題，進行穩健的思考，然後獲得一個相對全面、準確的了解，為形成思維閉環打好基礎。

第二章　閉環思維就是思考有迴路

閉環思維四個核心：
計畫、落實、內化、回饋

　　就閉環思維的單條線而言，它有四個節點，也可以說是四個核心，分別是：計畫、落實、內化和回饋。計畫是形成正向閉環的重要前提。對計畫的重要性，美國企業家理查·史羅馬曾指出：「對一件方案，寧可延誤其規劃之時間，以確保日後執行之成功，切勿在毫無適切的輪廓之前，即草率開始執行，而最終導致錯失該方案之規劃。」

　　制定工作計畫是為了更好地完成工作，順利達成目標。透過制定計畫，能夠了解工作和專案的有關事項，了解完成工作需要哪些必要的步驟，知道每一步做完，下一步應該做什麼，避免出現做完一些工作環節後茫然不知所從的狀況，會大大提高工作效率和程序，還可以避免因忙碌而忘記一些重要的事情。對個人來講，有效實用的計畫還可以更快地提高個人工作能力、管理水準，發現問題、分析問題以及解決問題的能力。

　　計畫通常需要兼顧兩個要素，一個是時間，一個是品質。時間和品質兼顧，效率就會得到一定的保障，也才可能真正形成正向閉環。所以，做事之前，一定要制定一個涵蓋

時間和完成品質兩項要素的計畫,用這個計畫去指導後續的行動。

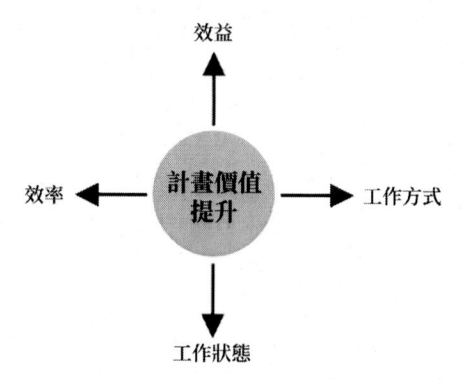

圖 2-1　計畫價值提升與效率、效益、工作方式、工作狀態正相關示意圖

從圖 2-1 中,可以看出計畫價值的提升與效率、效益、工作方式、工作狀態等因素均有很大的關係。如果你的計畫價值提升了,那麼對你做事的方式、狀態還有效益、效率都會有促進作用,會有助於你提高工作效率,最終獲得一個好的效益,可見,計畫的意義非常大。

有了計畫,就要積極去落實,要不然計畫就失去了意義,也自然不會形成閉環。要注意的是,行動不等於落實,行動只代表行為動作的開始,而落實則更多體現了一個結果。

主管打算下週出差外地,請你去訂下週三的機票。你馬上行動,卻發現下週三的機票售罄了。可是直到下週一晚上

第二章　閉環思維就是思考有迴路

下班前你才將此事告知主管。主管急忙更改計畫，忙得手忙腳亂。事後主管果斷開除了你。

你認為自己冤嗎？實際上，一點都不冤。你是行動了，可是卻沒有落實。很多時候，對方要的只是結果，而不是你落實不了的理由。沒有機票了，看看有沒有高鐵票；沒有週三的機票，看看有沒有週二的機票。行動了卻沒有落實，這樣的行動沒有意義，不會形成閉環。這樣的思維形式也自然不是正向的閉環思維形式。即便確實落實不了，也要及時告知相關方，以便有時間更改計畫或採取補救措施，然後再進行新的落實。

內化是一個理解、消化計畫內容的過程。實際上內化的環節是融入落實過程中的。當計畫啟動以後，執行人需要了解計畫的內容，理解行動的意義，這樣才能更好地落實計畫，而這就是內化的過程。對落實複雜的工作來說，內化是必要的，同時也是十分重要的。

因此工作中，當你的主管指派你來完成工作任務時，你一定要認真聽，並就不清楚的地方向對方詢問，避免因不清楚而使工作方向出現偏差，或者延誤。在弄清你的工作任務之後，一定要靜下心來仔細分析這個任務，將其細化，弄清楚流程和要點。

回饋是閉環思維的最後一個環節，這一點常常被忽略。

一項工作，無論完成情況如何，都要在合適的時間回饋給發起人或相關責任方，這樣才算「圓滿」，同時也讓工作變得有彈性，要做到事事有著落，件件有回音。比如前面所說的那個幫主管訂機票的員工，如果在發現訂不到合適的機票後，及時將情況回饋給主管，主管也好從容應對，或更改時間，或取消計畫，不至於鬧得手忙腳亂，甚至讓事情變得不可挽回。

需要注意的是，回饋並不僅限於對最終結果的回饋，而應貫穿於執行的整個過程中。

另外，廣泛意義上的回饋對象還包括當事人本身，在活動開展中，要適時將情況回饋給自己，問問自身：今天都做了些什麼？哪些是計畫內的事？哪些是計畫外的事？我在哪個時段做事高效？哪些事不用親自去做，可以交給別人做？我經常被哪些事情打擾？如何避免？有哪些不足，如何改進？等等。

適時將情況回饋給自己，就能夠清楚活動的流程以及所要面對和要解決的問題，然後有針對性地查缺補漏，改進不足，優化活動安排，確保自己做事方向正確、高效。

總而言之，閉環思維的這四個核心，也是四個環節，都非常重要，無論哪一環出了問題，都會影響到思維的連貫性，不是無法形成閉環，就是讓閉環思維的正向性發生偏離，所以一定要重視，並精心設計安排和妥善解決。

第二章　閉環思維就是思考有迴路

閉環思維是一個
內化再優化的循環過程

　　閉環思維不見得一定是正確的，但卻一定會形成閉環，有始有終，首尾相顧，只有這樣思維的各個環節才會銜接緊密，也才會相互支撐。公孫龍「白馬非馬」論就是個很好的例子。

　　戰國時期，有一年趙國境內馬匹流行烈性傳染病，秦國為了預防瘟疫傳入本國，就在本國城池關口貼出告示，嚴禁其他諸侯國的馬匹入關。一天，趙國平原君的食客公孫龍騎著一匹白馬來到關口，準備入城。守城的官吏將他攔住了。

　　官吏說：「你可以入關，但馬不能進城。」

　　公孫龍狡辯道：「白馬非馬，怎麼不可以入關？」

　　官吏說：「白馬是馬。」

　　公孫龍繼續狡辯說：「如果這樣說，那我公孫龍是龍嗎？」

　　官吏一愣，但仍然堅持說：「按照規定，別國的馬匹不能入城，管你是白馬還是黑馬。」

　　公孫龍微微一笑，道：「『馬』是就名稱而言，而『白』是

就顏色而說，名稱和顏色不是一回事。『白馬』分開來就是『白』和『馬』或『馬』和『白』，這是兩個不同的概念。

比如說你要一匹馬，那麼給你黃馬、黑馬都可以，但是如果你要一匹白馬，那麼不論給你黑馬還是黃馬就都不可以。所以，『白馬』和『馬』根本不是一回事！白馬自然非馬了。」

官吏越聽越迷糊，被公孫龍這套詭辯搞得暈頭轉向，一時間不知該如何對答，最後無可奈何只好讓公孫龍騎馬入關。

雖然公孫龍「白馬非馬」論是詭辯，但卻因為形成了一個閉環，讓守城的官吏找不到可「攻擊」的地方，最終讓公孫龍矇混過關。

再看下面的例子：

有一天，蘇格拉底的學生問蘇格拉底：「什麼是詭辯？」蘇格拉底沒有立即回答，卻反問道：「有一個乾淨的人和一個邋遢的人，他們同時去拜訪某個人，這人燒了一大桶水請兩人洗澡。你說，洗澡的會是哪一個人？」

有個學生立即回答道：「那個邋遢的人。」

「不對，洗澡的是那個乾淨的人，而那個邋遢的人之所以邋遢是因為不喜歡洗澡。」

學生想了想，說：「按照這樣的邏輯，洗澡的確實是那個乾淨的人。」

第二章　閉環思維就是思考有迴路

但是蘇格拉底卻搖頭道:「還是不對,洗澡的是那個邋遢的人,因為他需要洗澡。」

學生徹底糊塗了,問老師究竟誰該洗澡。蘇格拉底答道:「兩個都洗了,愛乾淨的人喜歡乾淨,所以又洗了澡;而邋遢的人需要洗澡,所以也洗了澡。」

學生恍然大悟:「我明白了,原來他們都洗了澡。」

蘇格拉底嘆了口氣,說道:「你又錯了。兩人都沒洗澡,乾淨的人不需要洗澡,而邋遢的人不願意洗澡。」

這個學生有些鬱悶,說道:「我在請教您什麼是詭辯,而您卻一直在和我說誰會洗澡。他們洗不洗澡與詭辯有什麼關係呢?」

「你看,」蘇格拉底平靜地微笑著說,「我不是已經告訴你詭辯是什麼了嗎?」

蘇格拉底怎麼說都有理,可實際上卻是在詭辯。雖然是詭辯,但由於每一次都能自圓其說,也就都讓人無法反駁。

與此類似,安徒生童話《國王的新衣》(*The Emperor's New Clothes*)中,那兩個騙子也是完美地編織出一個思維的「環」,把所有人都「套」了進去。因為誰也不想當愚蠢的人,所以都被「套牢」,即便知道了是一個騙局,也不去打破,而「甘心」被「套」在裡面,這樣就形成了一個「死套」。

這啟發我們,要想讓我們的思維形成一個閉環,同時發

揮它的導向作用，一定要先設法分析它、錘鍊它、完善它，使它形成一個嚴密的閉環，這就是「內化」。「內化」之後再對其進行優化，使之更加地嚴絲合縫，沒有可被攻擊的「縫隙」。

內化加上優化，就會讓閉環更加牢固。具體說，內化就是自己先要梳理清楚整個思維的鏈條，明確各個鏈條所起的作用，知道如何啟動，如何銜接，如何相顧，如何使其發揮功用。優化就是在內化的基礎上，充分發揮各環節的作用，以獲得可能的最佳效果。

一個年輕人大學畢業後，進入了職場。他的理想是做一名區域品牌代理。但是，他面試了幾家公司，都被拒絕了，拒絕的理由大同小異：

「你太年輕。」

「你缺乏相關工作經驗。」

「你的溝通還有很多不足。」

年輕人沒有氣餒，而是積極做了思考：為什麼幾次被拒絕的理由很相似？大多數面試官真正在意求職人員的是什麼？無非是求職者的資歷、所求的待遇，還有是否能在公司長久做下去，其他的提問要麼是圍繞這幾個問題進行的，要麼就是無關緊要的。

考慮清楚這些問題後，在接下來的一次面試中，年輕人

第二章　閉環思維就是思考有迴路

信心滿滿地對面試官說：「貴公司這個區域的品牌代理的職位已經空缺了半年，想必再缺三個月也不十分要緊。我雖然年輕沒有經驗，但是我大學學的是相關專業，有豐富的理論基礎，我可以先試著做三個月，我只要求公務費，不要薪資，而且我自己有車，不需要公司提供。如果這三個月我能證明自己可以勝任這份工作，公司再以一半薪水僱我三個月，三個月後，如果我做得很出色，就正式錄用我。還有，我對貴公司進行了很詳細的調查，對貴公司的文化十分認可，我想如果我能成功留在貴公司，我會一直在這裡做下去的。」

最後，年輕人被這個大公司錄用了，而且是正式錄用。

年輕人在面試幾次被拒後，先是對被拒的情況做了理性分析，然後站在應徵者的角度分析對方的想法，繼而得出判斷，這是內化階段。在下一場應徵中，年輕人根據之前自己總結出來的判斷，分幾方面做了恰到好處的闡述，成功打消了對方的顧慮，最終通過了面試考核，這是優化的過程。內化加優化，形成了一個較為嚴密的閉環，最終幫助他突圍成功。

第三章
閉環思維讓事情可閉合

　　閉環思維的一個重要功能體現就是可以讓事情「閉合」，實現從設定目標到達成目標的完整循環。在這個過程中，務必要確保事情有始有終，環環相扣，不斷裂，不卡關。

第三章　閉環思維讓事情可閉合

凡事都要閉環化思考

　　凡事都要閉環化思考嗎？不閉環化思考不行嗎？不行的。不閉環化思考，從思維的角度來看，就是思考沒有迴路，不能自圓其說，不能讓思維貫通到底。在這樣思維指導下的行動必然會遇到各種問題，最後讓自己舉步維艱，甚至無法繼續進行下去，相當於自己給自己設定障礙，所以凡事都要閉環化思考，舉兩個沒有閉環化思考的例子。

　　一次，蘇格拉底在市場上閒逛，看見一個年輕人站在市場中間面對觀眾熱情洋溢地演講。年輕人演講的內容是關於美德的。蘇格拉底聽了一會兒，發現了問題，於是裝著無知的模樣，向年輕人請教說：「請問，什麼是美德呢？」

　　年輕人不屑地回答：「這麼簡單的問題還不知道呢？好吧，告訴你吧，不偷盜、不欺騙就是美德。」

　　蘇格拉底仍然裝作不解地問：「不偷盜就是美德嗎？」年輕人十分肯定地回答道：「那當然啦，偷盜肯定是一種惡。」

　　蘇格拉底不緊不慢地說：「我記得在部隊服役的時候，有一次上級讓我深夜潛入敵人的營地，把他們的兵力分布圖偷出來，請問我這種行為是美德還是惡德呢？」

年輕人猶豫了一下，然後說道：「偷敵人的東西當然是美德。我剛才說不偷盜，是指不偷盜朋友的東西。偷盜朋友的東西肯定是惡德。」

蘇格拉底依然不緊不慢地說：「還有一次，我的一位好朋友遭到天災人禍的雙重打擊，對生活絕望了，於是買來一把尖刀放在枕頭底下，準備夜深人靜的時候用它結束自己的生命。我得知了這個消息，便在傍晚時分偷偷地溜進了他的臥室，把那把尖刀偷了出來，使他免於一死。請問我這種行為究竟是美德還是惡德呢？」

年輕人被問住了，半天不言語，最後漲紅著臉承認自己的言論有些不當，然後拱手向蘇格拉底請教「什麼是美德」。

再看另外一個例子：

有一位老婦人，不管是晴天，還是雨天，她都非常不開心。一次，她找到一位禪師訴苦：「我每一天都很憂愁，禪師您幫幫我！」禪師問什麼事情讓她如此憂愁。老婦人說：「我有兩個女兒，大女兒嫁給賣傘的商販，小女兒嫁給賣帽子的商販。如果晴天，我就擔心大女兒家沒生意。如果雨天，我就擔心小女兒家沒生意，因此，每一天我都很憂愁。」

禪師聽後笑了笑：「其實妳應該每天都很開心呀。妳要這樣想：如果是晴天，小女兒家生意就會好。如果是雨天，大女兒家生意就會好。這樣想妳就不憂愁了，天天是好天。」

第三章　閉環思維讓事情可閉合

老婦人聽了，思索一下，還真是這樣，從此再也不憂愁了。

那個年輕人沒有讓自己的思維實現閉環，無法自圓其說，而這個老婦人的思維雖然形成了閉環，但是，她所形成的閉環卻不是正向的，偏離了方向，由此每天憂愁，但經老禪師一點撥，思維轉向，形成新的思維閉環，頓時感覺峰迴路轉、柳暗花明，從而心緒豁然開朗。

一個農民沒有上過大學，也沒有接受過什麼專業的培訓，以種植農作物為生。神奇的是，無論他種植什麼，他的農產品永遠都是供不應求，總能賣個好價錢。有人問他有什麼訣竅，是如何判斷下一年某種農作物供求狀況的。這個農民笑著說：「我沒有啥訣竅，我就是比別人晚種幾天，出去跑跑，看看周圍村鎮的人都種什麼。種得量大的我就不種了，不管他們說前景多好也不種，因為雖然產量高，但是價格卻上不去。我就種些人們不種的。」

這個農民可能不懂什麼閉環思維，但卻是遵循閉環思維去做的。從想到做，形成一個閉環，這個閉環讓他不自覺朝著正確的方向前行，最終取得了令人滿意的效果。

思考沒有迴路，就無法讓思維首尾呼應，也就無法讓自己的思維形成有效閉環，自然也就無法有效解決問題，所以做事或者解決問題之前，一定先要梳理一下自己的思維，看一看思維是否貫通，是否實現了閉環化思考。

新加坡觀光局曾打了一份報告給總理李光耀，抱怨新加坡除了一年四季直射的陽光之外，什麼優勢資源都沒有，想發展旅遊事業，實在是難上加難。李光耀看過報告後，只回覆了一句話：「上帝給了我們最好的陽光，還需要什麼呢？只要有陽光就夠了！」

　　後來新加坡觀光局在此啟發下，充分利用一年四季直射的陽光，在全國大範圍種植花草，將城市打扮得像個花園，最終贏得了「花園城市」的美稱，旅遊業隨之蓬勃發展起來。這就是閉環化思考的結果。

第三章　閉環思維讓事情可閉合

可靠的表現就是做事閉環

....

我們常說某人做人、做事可靠，實際上多半是說這個人做事具有閉環思維，處理問題有始有終，有回饋，有交代。與可靠相對的就是不可靠。不可靠有多種表現，言而無信是不可靠，做事敷衍是不可靠，言行偏差是不可靠，虎頭蛇尾也是不可靠，丟三落四還是不可靠。

在生活和工作中，不可靠的人和不可靠的事比比皆是。

鮑勃是一家外貿公司的老闆，一次，他要到新加坡出差，並準備在一個國際性的商務會議上發表演說。出發前一天，他請助手彼得起草一份演講稿。在動身前往新加坡的那天早晨，鮑勃問彼得：「演講稿弄好了吧，拿給我看看。」彼得一聽傻了眼，他喃喃地說道：「我還沒弄好呢，我想您不是今天下午才動身嗎，所以昨天就沒弄，想上午再弄。」

鮑勃一聽，臉色大變：「怎麼能這樣？我原打算在動身前與同行的外籍顧問研究一下各項數據資料，現在你告訴我怎麼研究？」彼得臉色一片慘白。

幾天前老闆傑西交代露絲做一個產品方案，今天快下班時，傑西問露絲方案怎麼樣了，做好了嗎？露絲為難地說：「老闆，我的電腦出問題了，還沒弄好。」傑西一愣，然後反

問道:「為什麼不及時找人修理,還有出了情況為什麼沒有及時告訴我?現在我急需用這個產品方案和客戶溝通,你告訴我現在怎麼辦?」

幾個朋友聚在一起喝了點酒,其中一個人喝得有點多,由於另一人和醉酒的朋友住得比較近,於是大家就請這人送那個醉酒的朋友回家。這人拍著胸口說一定完成任務,可是直到第二天清晨醉酒朋友的家人打來電話詢問,大家才知道那個醉酒的朋友昨晚沒有回家。原來那人嫌麻煩,直接把那個醉酒的朋友帶回了自己家,卻沒有通知任何人。

簡單說,可靠就是你把一件事交給對方去辦,而不用擔心出問題,即便遇到什麼突發情況,對方也會第一時間給你回饋,讓問題得到及時妥善的處理。

正如上面所說,一個人要想獲得可靠的評價,就要做到事事閉環。對應上面的事例,可以看出什麼是可靠。彼得在接到老闆鮑勃的工作任務後,其一,由於時間比較緊(第二天就要用演講稿),所以應該馬上就去起草,而不應拖到第二天上午再去寫。其二,在寫好後,要及時交給鮑勃看,以便有問題能夠有充足的時間去修改;其三,如果因其他事耽誤了起草,也一定要回報給對方,好讓對方有相應周全的準備。做到了這幾點,才稱得上可靠。

還有傑西請露絲做產品方案的事,露絲不能以電腦出問題來作為沒有做好的藉口,正如傑西所質問的:為什麼不找

第三章　閉環思維讓事情可閉合

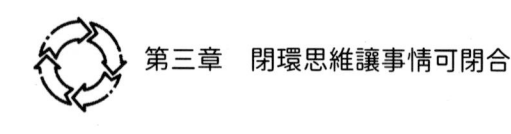

人及時修理,另外出了問題為什麼不及時回報給我?如果露絲在電腦出了問題(若確實出了問題)後,及時找人修理,然後再馬上將情況回報給傑西,最後即便沒有在要求的時間內完成工作,相信傑西也會諒解的;在傑西的眼裡,露絲是不可靠的。

總體上來說,可靠就是做事能夠做到閉環,再具體些說就是凡事有交代、件件有著落、事事有回音。做到了這幾個環節,也就做到了事事閉環。

先說說凡事有交代。凡事有交代,就是你接受了一個任務,儘管有些時候,你不是心甘情願接受的,但既然接受了,就要認真對待,並努力做好。最後做成了,給對方一個交代,沒做成,也給對方一個交代。事情完成了,沒有及時回覆,就好像做事只做了99%,還留1%的遺憾,即便事情你完成得非常漂亮。

件件有著落,就是辦事能實際,讓問題能得到有效解決,這就要求做事要踏實,不浮誇。有些人做事情前喜歡說大話,紙上談兵,聽起來頭頭是道,蠻有把握,但真正著手去做時,卻眼高手低,不是處理不了,就是敷衍了事,再不就是掩蓋欺瞞,總之不能讓問題得到很好的解決。就是說態度一定要端正。另外,要想讓事情真正做好,不能光有態度,還要有處理事情、解決問題的能力。態度有了,能力具

備了，才可能做到讓事情閉環。

　　事事有回音，主要強調的是做事要有及時回饋的意識，無論事情完成得如何，是好是壞，都要及時回饋給當事人或者相關方。當然，這種要求不只限於事情完成後，也包含事情發展變化過程中的每個環節，具體說包含目標回饋、過程回饋和結果回饋。目標回饋就是在你接受某件工作或任務後，要了解工作或任務要達成的目標，然後就目標有個回饋，比如說目標定得過高，無法達成，或者目標設定得雖然不高，但不具備達成目標的條件等等，需要有個相應的回饋。

　　過程回饋，就是回饋事情的進展情況，到哪一步了，遇到什麼問題沒有，如何解決的等等。注意，千萬不要主管或相關方沒有問就不回饋，要主動及時回饋。回饋的一個好處是讓對方了解進展情況，做到心中有數。另外，也能讓對方及時發現問題，有時間糾偏和調整。通常可以按月、週、日時間節點回饋，遇到突發情況，則要隨時回饋。

　　結果回饋，就是事情完成之後，將結果回饋給對方。要注意的是，要確保對方已經知道了你回饋的結果，而不要想當然認為對方知道了。

　　總而言之，一個人要想可靠，做事閉環是重要且必要的。為此，一要端正做事的態度，能夠正確看待事情和積極處理事情；二要提高處理問題的能力，做到有能力讓事情閉環。

第三章　閉環思維讓事情可閉合

用曲線思維代替直線思維

有一位心理學家曾做過這樣一個實驗：將雞和狗放在鐵絲網的左側，緊挨著鐵絲網的右側放有飼料，看雞和狗究竟會做出什麼樣的動作。

實驗開始後，出現了兩個有趣的場面：首先是雞，牠直接向飼料方向衝去，結果被鐵絲網攔住，吃不到鐵絲網後面的飼料，於是在鐵絲網前轉來轉去。

狗的情況如何呢？牠先是一動不動地注視著飼料，然後環視鐵絲網，以及旁邊的牆壁，接著急促地跑向一邊，繞過鐵線網後，把對面的飼料吃掉。

在上面的實驗中，雞的行為體現出來的是直線型思維，而狗的行為體現出來的則是曲線型思維。事實上，我們在思考解決某一問題的答案時，也會做出與動物尋飼料極其相似的行為。有時像雞那樣，思維直接，撲向目標，有時則像狗那樣，透過讓思維轉彎來達成目標。

那什麼是曲線型思維呢？

簡單來說，曲線型思維就是避直就曲，讓思路轉個彎的一種思維方式，可以形象地稱之為「U型思維」。

在解決問題的過程中，直線型思維是一種效率比較高且省時省力的思維方式。但是，許多問題的求解靠直線思維是難以實現的，這時採用曲線型思維去思考解決，往往能使問題迎刃而解。比如，有些話不能直言，需要拐彎抹角地去講；有些人不易接近，就少不了逢山開道、遇水搭橋；搞不清對方葫蘆裡賣什麼藥，就要投石問路、摸清底細；有時候為了使對方減輕敵意，便需要繞個彎，甚至用「環顧左右而言他」的迂迴戰術。這都是曲線型思維的體現。

面對問題時，當直線走不通時，就要考慮走「曲線救國」的路線，讓思路轉個彎，形成一個閉環。在工作和生活中，直線走不通需要走曲線的事情可以說比比皆是。

有一家公司新購置了一批電腦及相關設備，有人提議應在機房安裝幾臺冷氣，以確保人和機器在一個相對恆定的溫度下工作。但是，老闆卻不肯批准，認為不是每天都需要在機房辦公，所以沒有必要再額外購置冷氣。雖然有人據理力爭，但仍不能改變老闆的決定。

有一次，公司組團到外地旅遊，在一個文物展覽會上，一位主管故意引導老闆去看一些有破損的文物，老闆便問解說員這是怎麼回事。解說員解釋說：「這是由於上面給的經費不足，沒有辦法為文物創造一種適合它們的環境所導致的。如果有足夠的製冷保溫設備，這些文物可以保存得更完善。」

第三章　閉環思維讓事情可閉合

老闆聽後，不禁感慨。此時，站在一旁的那位主管藉機對老闆說：「老闆，我們機房裡裝冷氣也是這個道理啊！」

老闆沉思片刻，然後說：「回去打個報告給我。」

再看下面這個例子：

某國的一個南極探險隊準備在南極過冬時，遇到了這樣一個難題：隊員們想把船上的汽油輸送到基地，但由於輸油管的長度不夠，當時又沒有備用的管子，所以無法輸送。

正當眾人一籌莫展準備放棄的時候，一個隊員突發奇想，思索出一個方法。因為南極氣溫非常低，滴水成冰，所以可以考慮用冰做輸油管。這名隊員請夥伴將醫療上使用的繃帶纏在鐵管子上，然後往管子上面澆水，等水結成冰後，再撥出鐵管子，這樣就做成了冰管。如果管子不夠長，可以將冰管子一截一截地連線起來，可以說要多長就有多長。

在實際工作和生活中，類似的例子有很多很多，解決的辦法就是用曲線思維代替直線思維，再具體點說，就是把問題放到一個新的條件和環境下去處理，利用現有的條件把問題妥善解決了，最終形成閉環，千萬不要「一條道跑到底」，更不要「不撞南牆不回頭」。

事前策劃與事後閉環

關於一項活動能否取得預期效果的一個熱門爭議是：事前的策劃重要，還是過程中的努力重要？答案是：過程中的努力固然重要，但事前的策劃更重要。因為策劃在先，努力在後；策劃事關方向，努力事關結果。如果方向不對，再多努力也是枉然，不會獲得想要的結果，所以首先要把精力放在事前的策劃上。

一家月刊近一段時間陷入困境，管理者把原因歸於廣告費率的問題，因此採取多項舉措，多管齊下，千方百計降低了廣告費的投入，可是情況並沒有得到好轉。

在耐心對各項數據和事實進行深入調查和分析後，赫然發現：

過去的成功是基於某段時間內成功扮演了資訊類刊物，現在之所以衰落，根本原因在於本身削弱了資訊類訊息的比重。市面上各種厚重的月刊已經供過於求，卻缺乏輕薄精練的新聞性刊物。也就是說，如果將月刊向輕薄型新聞性刊物轉化，就可能獲得訂戶的歡迎，於是管理者決定將月刊打造成以新聞性訊息為主要內容的週刊。

發展方向確定後，管理者迅速召集相關工作人員按照預

第三章　閉環思維讓事情可閉合

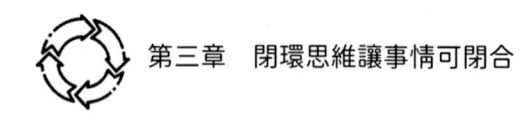

定的方案對刊物的版面形式、版面內容進行針對性調整,接著又精心策劃了行銷方案,最終將改版後的刊物推上市場,如所期盼的,改版後的新刊物受到了讀者的熱捧。

我們無法預知未來,所以很多事情能否成功常常取決於我們的思維是否形成了正向閉環,是否精心策劃了每一個行動,是謹慎小心還是魯莽草率;是有備而來,還是臨時興起,有些人之所以做事經常遭遇挫敗,之所以辦事效率低,就敗在做事缺乏充分的思考,輕率行事。實際生活中,很多人都有因草率行事而失敗的時候,事實證明,任何一個草率行事的人最終只會讓自己受到教訓——本該完成的工作沒有完成、本來簡單的事情變得異常複雜。

我們的言行通常受情緒、成見、外界干擾或其他因素的影響,這都是不成熟、不理智的表現。就好像小孩子喜歡凡事「馬上去做」,或過馬路的時候沒有注意兩旁的來車,或在大太陽下跑到海邊遊玩結果卻中了暑等等,顯然這些行為都是沒有考慮到具體情況,沒有經過精心策劃,只憑衝動便貿然行事的幼稚行為。

「先了解你要做什麼,然後去做。」對行事容易草率的人來說,這是非常好的提醒和忠告。假如決斷和行動力是邁向成熟的必要條件,則預示我們所採取的行動,必須依據良好的分析與判斷。這樣才有可能形成良好的思考迴路,用以指

導行為，最終讓事情獲得滿意的結果。

當初洛克斐勒（John Rockefeller）實施收購煉油廠的計畫開始前，當地的煉油商們各自為戰，競爭激烈。絕大多數煉油廠都在虧本，並一個一個都開始進入破產的邊緣。

洛克斐勒首先仔細研究了形勢並評估了自己的力量，決定將大本營科利弗蘭作為自己發動統治石油工業戰爭的第一戰場，待征服了那裡的二十幾家競爭對手之後，再迅速行動，開闢第二戰場，直至將那些對手全部征服，建立石油業新秩序。

洛克斐勒首先在俄亥俄州註冊成立了石油提煉公司，然後就開始了他偉大的「征服」計畫。出於策略上的考慮，洛克斐勒選擇的第一個征服目標不是不堪一擊的小公司，而是最強勁的對手克拉克──佩恩公司。洛克斐勒主動約見了克拉克──佩恩公司的最大股東奧利弗・佩恩（Oliver Payne）先生。洛克斐勒告訴對方，石油業混亂、低迷的時代該結束了，為保護無數家庭賴以生存的這個產業，需要建立一個龐大、高績效的石油提煉公司……洛克斐勒的計畫打動了佩恩，最後佩恩同意加入洛克斐勒的石油提煉公司。

洛克斐勒十分清楚，吃掉克拉克──佩恩公司意味著一個良好的開端，可以為其他煉油公司作一個效仿的榜樣，果然在接下來不到兩個月的時間裡，先後有二十二家競爭對手

第三章　閉環思維讓事情可閉合

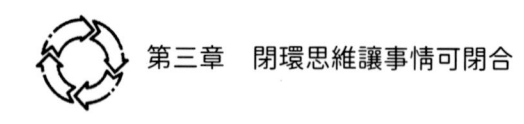

歸附於石油提煉公司的旗下。更讓人驚嘆的是，在此後三年時間裡，洛克斐勒連續征服了費城、匹茲堡、巴爾的摩的煉油商，成了全美煉油業的唯一主人。

實踐出真知，沒有好的、科學合理的策劃，休想形成一個良好的閉環，也別奢望能有一個好的結果。沒有經過精心的策劃，卻獲得了一個好結果，那是瞎貓碰上死耗子，幸運而已，可是誰也無法保證自己每一次都走運啊！所以，還是要把精力用在事前的調查和方案設計上。

戴爾‧卡內基（Dale Carnegie）先生曾訪問過哥倫比亞大學院長赫伯‧郝克先生。在訪問過程中，卡內基特別提到郝克院長的書桌十分整潔──因為像他這麼一個大忙人，桌上通常會堆滿資料或檔案。「要處理這麼多學生的問題，您一定要隨時作出許多決定。」卡內基先生說道：「但是，您看起來十分冷靜、從容，一點都顯不出焦慮的樣子。請問，您是如何做到這一點的？」

郝克院長回答道：「我的方法是這樣的──假如我必須在某一天作某一項決定，通常我都事先收集好各種相關資料，我並不浪費時間去設想該如何作決定，只是盡可能去研究與問題有關的所有資料。等我研究完畢，對情況就了解得差不多了，然後就在這個基礎上設計行動方案，事情成功率可以達到百分之九十以上，這聽起來十分簡單，但事情就是這樣。」

可口可樂曾一度主宰歐美軟性飲料市場，百事可樂無法與之抗衡，只能屈居其下。百事可樂曾試圖與可口可樂較量，但一直都無法撼動對方的霸主地位。百事可樂集團的管理層經過仔細的市場調查後得出結論，是可口可樂獨特的弧形狀的瓶身讓可口可樂占據霸主地位的，這種瓶身有幾點好處，一是容易堆放，二是手感很好，三是相對結實，不易變形。

多年來，一定程度上，可口可樂的瓶身已經成為其產品本身的一種象徵。為了對抗可口可樂的這個優勢，百事可樂公司投入巨資在瓶身研發。百事可樂的瓶身是「漩渦形」，雖然也很炫目，也夠結實，但是卻一直無法像可口可樂的弧形瓶那樣深入人心。

百事可樂集團的管理層策劃用一款新型的容量更大的瓶身包裝來反擊可口可樂的包裝，這可能是可口可樂唯一的「弱項」，因為可口可樂弧形的瓶身無法再往大做。最後百事可樂在「加量不加價」的加持下成功追上可口可樂，使對方不再獨霸飲料市場。

工作和生活中，我們常常看到這樣的情況，在接受某個任務、工作安排，或者答應幫別人做事時，明智的人總是這樣回答對方：「這事允許我好好謀劃一下。」這提醒我們，工作中，當你的上級主管指派需要你來完成的工作任務時，你

第三章　閉環思維讓事情可閉合

一定要認真聽取,並就不清楚的地方向對方詢問,避免因不清楚而使工作結果出現偏差,或者延誤。

在弄清工作任務之後,要靜下心來仔細分析這個任務,將其細化,然後寫一份行動計畫書。如果有必要,要把計畫書呈給你的主管或者同事,讓他們幫你鑑定你的計畫是否可行。這樣做的目的就是提高策劃的精準度,以增大事情成功的機率。

不解決問題，本身就是「問題」

　　每個人一生中都會遇到無數問題，遇到問題就要想辦法解決。這才是對待問題的正確之路，可是卻偏偏有很多人討厭問題，害怕遇到難題，遇到難題能繞則繞，能推就推，繞不過、推不動了，再硬著頭皮面對。就沒有想一想，如果遇到難題和挑戰總是繞著走，不積極想辦法去解決，如何能讓問題得到解決，問題依舊在，又如何能讓要做的事情形成閉環。

　　從前，有個痲瘋病患者患病多年，一直躺在路旁，依靠眾人的施捨生活。

　　附近有一個神奇的水池，據說這個水池裡的水可以治療痲瘋病，有人把他抬到這個有神奇力量的水池邊。但是他躺在那裡多年，卻沒有往水池邁進半步。

　　有一天，一個天神來到他身邊，問道：「先生，你要不要被醫治，解除病魔？」

　　痲瘋病人說：「當然要！可是人心好險惡，他們只顧自己，絕不會幫我。」

　　天神聽後，再問他：「你要不要被醫治？」

第三章　閉環思維讓事情可閉合

「要，當然要啦！」病人有些激動。

天神說：「你前面水池裡的水就能醫治你的病！」

痲瘋病人說：「但是等我爬過去時，水都乾涸了。」

天神聽了痲瘋病人的話後，有點生氣，再問他一次：「你到底要不要被醫治？」

痲瘋病人說：「要！」

天神大聲說：「好，那你現在就站起來自己走到那水池邊去，不要找任何的藉口。」

痲瘋病人被天神的威勢嚇到了，同時也深感羞愧，於是他努力站起身來，向前方的水池走去。一番努力後，他終於走到了水池邊，然後他低下身子用手捧著池水喝了幾口。

在天神的督促下，痲瘋病人每天堅持走到水池邊喝水池裡的水，真如天神所說，神奇的池水可以醫治他的痲瘋病。一段時間後，纏繞他多年的痲瘋病奇蹟般地消失了。

一天，愛迪生在路上碰見一個朋友，看見朋友手指關節腫了，便問：「手指為什麼會腫呢？」

「我不知道具體的原因是什麼。」

「為什麼你不知道呢？醫生知道嗎？」

「去過很多家醫院，醫生的說法不一，不過多數醫生認為是痛風症。」

「什麼是痛風症呢？」

「他們告訴我說是尿酸淤積在骨關節裡。」

「既然這樣，醫生為什麼不幫你把它從骨關節中取出來呢？」

「醫生不知道怎麼取啊。」

「為什麼會這樣呢？」愛迪生非常生氣地問道。

「醫生說，因為尿酸是不能溶解的。」

「這話我不信。」愛迪生說道。

回到實驗室，愛迪生立刻著手進行相關的實驗。他排好一列試管，每支試管內都灌入一些不同的化學溶液，每種溶液中都放入數顆尿酸結晶。兩天後，他看見有兩種液體中的尿酸結晶已經溶化了。就這樣，愛迪生有了新的發現，一種醫治痛風症的新方法也因此問世了。

遇到問題我們應該像愛迪生那樣積極地去面對、去解決。要知道，問題不解決，永遠都是問題，不會無緣無故消失，只有勇敢面對，積極想辦法，才可能將「攔路虎」剷除。

一頭驢不小心掉到一口枯井裡，牠哀憐地叫喊求救，期待著主人把牠救出去。驢的主人召集了許多親朋好友，大家紛紛出謀劃策，但是始終想不出搭救驢的辦法，最後，大家達成一個共識：驢已經老了，即使費力救上來，也幹不了

第三章　閉環思維讓事情可閉合

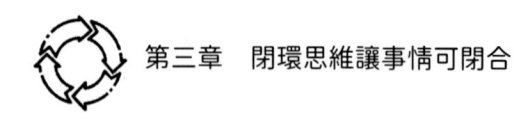

活,還不如把牠埋了,順便把這口枯井填平。於是,人們拿起鏟子開始填井。當第一鏟泥土落到枯井中時,驢的叫聲更加恐怖了——牠顯然明白了主人的意圖。

又一鏟泥土落到枯井中,驢出人意料地安靜了。人們發現,此後每一鏟泥土落在牠背上的時候,驢都做一件令人驚奇的事情:牠努力抖落掉背上的泥土,將泥土踩在腳下,把自己墊高一點。人們不斷地把泥土往枯井裡鏟,驢也就不停地抖落掉那些打在背上的泥土,使自己再升高一點。就這樣,驢慢慢地升到枯井口,在人們驚奇的目光中,瀟瀟灑灑地走出枯井。

在《刺激1995》這部電影中,男主角銀行家安迪(Andy Dufresne)被誤判為槍殺妻子及其情人而被判無期徒刑。入獄後安迪不哭不鬧,更沒有自暴自棄,而是迅速調整狀態,積極與獄警和獄友處好關係,不動聲色為越獄作各項準備。由於他熟知各種稅法,所以他教監獄的官員如何合法地避稅,又幫助獄警處理各種稅務問題。他不停地寫信給州長,最終幫監獄申請到了一筆錢用於圖書館的建設,還給獄友瑞德(Ellis "Red" Redding)雕刻了西洋棋,還買了一副口琴送給了他等等。

入獄19年間,安迪不停地努力改變著自己的處境,為逃離監獄創造了有利條件,19年後安迪終於挖出了一條逃離監

獄的通道,並成功越獄,從此過上了自由自在的生活。

只有像安迪這樣,當問題來了,積極勇敢地去面對,不懼怕,不懈怠,終有一天會讓問題得到解決。從某個角度去考量,如果有問題不去解決,任問題一直存在,那本身就是一個「問題」。所以,要想讓問題不復存在,事情形成閉環,首先要解決自身的問題。要勇於對問題負起責來。一個人如果不敢面對問題,不能解決問題,那他的生命價值就大打折扣了。

此外,在解決問題上,還要避免一個狹隘的問題,就是不要把自己局限在「不在其位不謀其政」上。現代社會是多元化社會,需要的是複合型人才,如果你多才多藝,是個多面手、斜槓青年,能解決非職責範圍內的問題,勢必會獲得重視,從而為自己贏得晉升的機會。

假如你是名設計師,寫文案不在你的職責範圍內,可是如果你具備了寫文案的能力,勢必會讓你的設計思路得到更充分的展現,一方面能夠讓問題得到解決,另一方面也讓你的才華有機會得到展示,並由此可能獲得你想像不到的機會,何樂而不為呢!

第三章　閉環思維讓事情可閉合

找不到解決辦法，就改變問題

有些時候，因各方面條件所限，確實找不到合適的解決辦法，這個時候，很多人可能會認為只有放棄了，可是閉環思維卻告訴我們，如果實在找不到解決辦法，那就嘗試改變問題，建立一個新的閉環。

有兩個人去非洲考察，沒想到迷路了。兩人在大草原上徘徊，不知道該怎麼走，這時，一頭雄獅發現了他們。一個人急忙從背包裡掏出旅遊鞋換上，另外一個人見了搖了搖頭說：「你跑得再快，也不可能跑過獅子啊，還是別費力了。」換了鞋子的這個人說：「我當然知道我跑不過獅子，可是我只要跑得過你就行啊！」

換鞋子的人當然知道自己跑不過獅子，危險情況下，這個問題是沒有解決辦法的。但是他卻聰明地將難題轉換為另一個問題，只要自己能跑過同伴，那麼危險就解除了。生活中這樣的例子有很多，先說一個歷史中的例子。

優孟是楚國宮廷的一名藝人，擅長辯論。楚莊王有一匹愛馬，由於過於喜愛，幫牠披華麗的衣服，把牠養在豪華的馬廄裡，在牠站的地方鋪上柔軟的墊子，可以說過著養尊處優的奢華生活。後來，馬因吃得太好太多，患肥胖病死了。

楚莊王很傷心,準備厚葬愛馬。他不僅幫馬做了棺材,還準備用大夫的禮儀安葬牠,更過分的是,他還下令文武大臣幫死去的馬戴孝。

群臣譁然,一致認為這樣做不妥,於是紛紛上書勸莊王收回成命。楚莊王十分惱火,對群臣說:「要是誰再敢對葬馬這件事進諫,我就要誰的命!」

於是,群臣都不敢說話了。訊息傳到優孟耳中後,他來見楚莊王。剛步入宮殿門階優孟就仰天大哭。楚莊王見他哭得這麼傷心,覺得很驚奇,就問他因為什麼事如此傷心。

優孟哭著說:「我聽說大王的愛馬死了。我知道這匹可愛的馬,是大王您最疼愛的。楚國是堂堂大國,用大夫的禮儀來安葬您的愛馬,禮太薄了,一定要用國君的禮儀來安葬牠。」

楚莊王見優孟不像其他大臣那樣勸諫,而是支持他的主張,感到十分欣慰,於是接著問他:「依你看,該如何辦才好呢?」

優孟說:「棺材一定要精雕細琢,用有花紋的梓木做外槨,用上等木材圍護棺槨,派士兵挖掘墓穴,命男女老少都挑土修墓,讓齊國、趙國的使者在前面開道,韓國、魏國使者在後面守衛,用牛、羊、豬來祭祀,再建一座廟,封牠萬戶城邑,然後將稅收作為每年祭馬的費用。這樣才能讓各國都知道大王您多麼愛您的馬呀!也都知道大王您輕人重馬呀!」

第三章　閉環思維讓事情可閉合

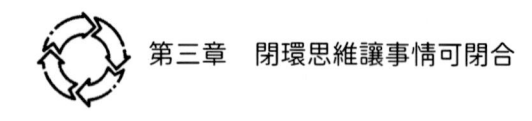

楚莊王聽後，大為震驚，想了想說：「寡人要葬馬的錯誤竟到了這麼嚴重的地步嗎？那怎麼辦才好呢？」

優孟話鋒一轉：「請讓我為大王用葬六畜的辦法來葬馬：土灶作外槨，小耳朵作棺槨，薑棗作調味，木蘭除腥味，禾稈作祭品，火光作衣服，把牠葬在人的肚腸裡。」

最終楚莊王聽從了優孟的勸諫，將馬交給掌管宮廷膳食的官員去處理。

再看一個現代的例子：

西元 1830 年代，一種方便又廉價的原子筆流行了起來，很多人都喜歡用。緊盯市場的生產業者自然加班大量生產，可是不久他們發現這種原子筆市場突然萎縮了。經過調查發現，原來這種原子筆前端的鋼珠，因長時間的摩擦會變小，繼而脫落；沒了鋼珠，筆管裡的油墨就流了出來，弄髒了紙張和手，為書寫帶來極大的不便，於是人們就不再願意用它。

很多研究機構馬上投入人力、物力進行科學研究突破瓶頸，希望能改善筆管漏油的現象。他們做了很多實驗，找了很多替代材料，最後發現鑽石是很好的替代材料，但是鑽石太昂貴了，根本無法普及，而且當筆油用完了，鑽石筆頭又怎麼辦呢？於是問題被擱置下來，一直到一個人出現。

這個人沒費多大周折就解決了這個懸而未決的問題，他

想既然找筆尖替代品的路走不通,那就試著改變一下問題,從解決筆油上入手。如果在筆尖漏油之前,筆管裡的油墨恰好用完,不就沒有漏油的風險了嘛。透過實驗,他計算出當原子筆寫到兩萬左右個字時,鋼珠會脫落,筆尖處開始往外漏油,於是他定出筆管填充「最大油墨量」。

這個「最大油墨量」可供寫一萬七八千字,超過這個字數範圍,筆管內就沒油了,即便到時鋼珠脫落,由於筆管內沒有了油墨,自然也就不會漏油了。就這樣,這個問題被完美地解決了。原子筆重新成為人們喜愛的書寫工具!

很多時候,解決問題的辦法並非只有一個,正所謂條條道路通羅馬,當一條途徑實在行不通的時候,不要鑽牛角尖,更不要輕易放棄,可以轉換一下思路,重新定一個方向,換一條途徑重新走,可能就會柳暗花明,將問題解決了。

市場上有一種番茄醬,與同類產品相比,這種番茄醬黏稠度高,許多家庭主婦認為,這種醬使用起來應該不是很方便。由此,這種番茄醬的市場沒有開啟,銷售不是很好。剛開始,經銷公司也想調整配方,以降低黏稠度,但又覺得困難較多,且風險較大。於是他們重新考量了這件事,最後決定反其道而行之:把產品的缺點作為優點。因為黏稠度高,說明番茄醬的成分多,水分少,營養更加豐富,味道也更加純正。

第三章　閉環思維讓事情可閉合

　　行銷策略發表後，他們加大了宣傳力道，逐漸人們改變了之前的觀點，開始認可並接受這種說法。很快，市場銷路被開啟了，最終這款番茄醬成為當年調味品市場上最暢銷的品種。

　　很多時候，我們面對的問題改變了，或者從問題的一面轉到另一面，那麼我們解決的辦法也多半要換一換了，局面可能會因此而煥然一新，此時原先無法解決的問題或許就能輕易解決了。關鍵就在於要及時轉換思維，重新建立新的解決問題的閉環。

對閉環方案進行初始評估

諸多的事實告訴我們,在理論層面上形成閉環方案後,有必要花時間對閉環方案進行初始評估,目的是看一下所做出的判斷與形成的方案是否存在紕漏,這個過程可以稱為閉環方案評估。具體來說就是在行動方案出爐之後,採用各種分析、評估和預測方法,對方案進行權衡、對比和綜合評估。

對閉環方案的評估是行動開始前的最後一次稽核,可以說非常重要,一定要給予相應的重視。下面這個例子可以說明對閉環方案進行初始評估的重要性和必要性:

雪梨歌劇院世界知名,是人人嚮往的旅遊勝地和藝術中心,但很多人並不了解當初在建造這座宏偉建築時所經歷的波折。這座建築最初的設計構想來源於丹麥建築師約恩·烏松(Jørn Utzon)。當時他只提供了一個簡單的草圖,沒有規劃,也沒有效果圖。即便如此,澳洲政府的決策人員還是被優美的設計造型打動了,拍板採用這個方案。澳洲政府對這個專案的成本預算是 700 萬美元,準備透過發行樂透來籌集資金,建造這座宏偉別緻的建築。

專案開始後,決策人員很快就發現,事情遠沒有他們想

第三章　閉環思維讓事情可閉合

像的那樣簡單。首先工程浩大，而且施工難度很高。為了確保施工進行下去，澳洲政府不得不一次次增加工程資金投入，同時，為了加快專案進度，把整個專案分成三部分：地基、屋頂、其他建築，並把這三部分分別承包給不同的建築商。

雖然最終這個專案得以完成，但工程日期和工程資金卻遠遠超出了當初的預算，當初成本預算為700萬美元，而實際上卻花費了1.07億美元。工程日期也大大延長，從開始到建造完成，整整用了15年。這個結果最終導致了那一屆政府倒臺，後果可謂嚴重。

從這個事件中，可以看出對閉環方案進行初始評估是非常重要且必要的。初始評估要盡量從多個角度、多個標準分析、權衡，以最大程度確保方案能夠形成有效的正向閉環。

第一，要看一下方案與目標的遠近。通常從整體上看，越是接近目標的方案可行性越高。需要注意的是，由於目標可能是多層次性的，所以，要看方案對整體目標和各層次目標的驅動程度，去全面衡量，而不是單看對某個目標或某層次目標的驅動程度。

第二，要分析評估一下方案中的措施和實施途徑，是否符合發展的客觀規律和變化趨勢，實施條件是否具備，是否實際可行。另外，要系統分析方案施行時可能遭遇的潛在的

風險,問題多不多,影響大不大,嚴重程度以及有無補救措施。

第三,要對比看一下方案的利益和危害的大小。利大無害自然為佳,利大害小尚可考慮,害大利小堅決放棄。此外,還要看一下風險程度,風險程度越高的方案越要慎重。風險大,掌握小,可考慮放棄。

第四,看方案的優化程度。優化是相對的。在現有條件下,最切實可行、最能取得理想結果的方案即為優化方案。

第五,看方案的韌性。在方案實施過程中,總會有一些預料不到的變化,這個時候非常考驗方案的韌性和彈性,韌性好的方案能夠接受一定程度的環境變化和意外情況的干擾,反之,則不然,因此,好的方案應具有良好的韌性和彈性。

透過上述各個方面對方案進行綜合分析、權衡對比和反覆嚴密的論證,最終得到一個經得起推敲的答案。

也可以從定性和定量兩個方面對方案進行評估。定性分析主要是直接利用已經獲得的知識、經驗和能力,根據已知情況和現有資料,對方案作出相應的評價。對一些受外界因素影響較大、所含因素複雜而多變、綜合性較強的方案,定性分析有著非常重要的作用。

定量分析是指對被研究對象所包含的成分的數量關係或

第三章　閉環思維讓事情可閉合

所具備的性質間的數量關係進行的分析、比較。定量分析的結果常用「數量」加以描述。定量分析多用於對某具體研究對象進行的相關判定。要想對事物進行整體的、全面的分析和判斷,需要和定性分析相結合。

對方案進行初始化評估後,會使整體思路越來越清晰,也讓方案的利弊之處更明顯,缺點會進一步暴露出來,這樣就可以查缺補漏,進一步提高完善,讓方案的完整度和正確率更高,對事情的正向驅動也就隨之增強。

覆盤思維不可少

「覆盤」一詞是從圍棋中衍生出來的，原是指在對弈結束後，將對弈過程重新演繹出來，分析哪些地方下得好，哪些地方下得不好，哪些地方可以有更多、更好不同的走法。推廣來說，就是將已經過去的事情重新「擺」出來，對其進行多方面的利弊分析，最終達到總結過去，成就未來的目的，可以簡單地歸結出一個公式：覆盤＝反思＋總結＋行動。

覆盤思維很重要，也很有實效性，自古以來就受到了人們的重視。曾子曾說過：「吾日三省吾身」，就是我每天都多次反省自己，答應別人的事是不是盡心盡力去做了？和朋友交往是不是真誠了？老師教的知識是不是複習過了？如此等等，體現出來的就是覆盤思維。

曾國藩為了改掉自己身上的毛病，也「三省吾身」，他把自己的毛病一條條地寫在紙條之上，然後掛在房間中，時刻提醒自己不要犯上面的錯誤。此外，還向朋友請教，自己在為人處世方面有哪些錯誤和不當之處。一個友人建議曾國藩每天堅持寫日記，強迫自己去思考，去反省自身存在的問題，曾國藩遵照著做了。就是在這樣的覆盤下，曾國藩一步步改掉身上的毛病，完善己身，最終成長為人們眼中的「古

第三章　閉環思維讓事情可閉合

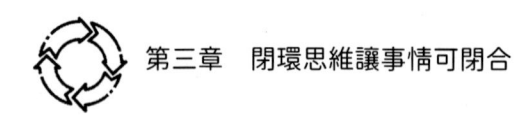

今第一完人」。

蘇格拉底曾說:「未經反省的人生是不值得過的。」正由於此,絕大多數優秀的人都具備像曾子和曾國藩一樣的「覆盤思維」,不斷總結經驗教訓,不斷改掉自身毛病,不斷改進方法,最終提高了自身素養和解決問題的能力,人生也就愈發圓滿。

閉環思維與覆盤思維有著內在的緊密連繫。對於個人來說,掌握覆盤能力,可以讓自己清楚地認知到個人目標和工作任務未完成的原因,找出差距,並及時進行糾偏。

舉例來說,在我們開展某項工作過程中,遇到感覺無法解決的問題時,我們需要及時覆盤,梳理一下內外因素,看有沒有將相關的內外因素都考慮齊全,如審視一下自己,看是不是自己的某些決策有誤,導致問題出現偏差;還有看看是不是流程有問題,以及合作的同事是否配合不及時或出現錯誤等等。諸多的事實告訴我們,及時的覆盤,會讓錯誤的行為得以早發現、早糾正,並進而推動事情朝著正確的方向發展。

一個完整的覆盤過程通常包含回顧、評估、反省、總結和提高五個方面。回顧就是對過去已經發生的事情進行回想,其中對目標的回顧十分重要,它會提醒我們覆盤應該朝著什麼方向進行;評估就是對自身的行為進行評價,看哪些

地方做得好,哪些地方做得不好,好在哪裡,不好在哪裡,然後找出差距;反省就是對不當的行為進行審視,找出失敗的根源,這是覆盤的核心所在;總結就是推演出規律,找出要改進的地方和提煉出經驗教訓,用以指導今後的實踐;提高就是在前面環節的基礎上,將總結出來的經驗教訓,應用在後面的各環節中,鞏固之前做得好的地方,爭取好上加好,同時避免之前所犯的錯誤。

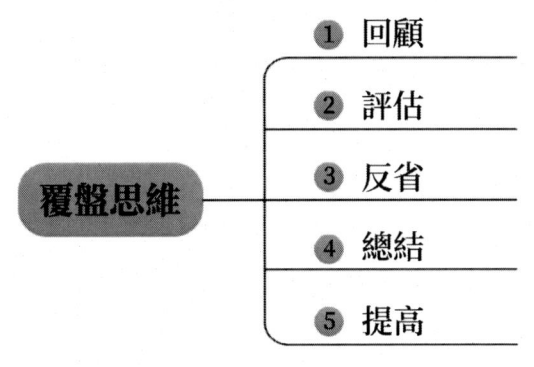

覆盤思維
1. 回顧
2. 評估
3. 反省
4. 總結
5. 提高

圖 3-1　覆盤思維的五個方面

覆盤要有一定的深度,不能淺嘗輒止,浮於表面,那樣只會陷入低水準的循環,無法實現認知上的突破。試想一下,如果只是走走形式,勢必無法發現存在的問題和隱患,或者即便發現了問題,也沒有給予應有的重視,那麼問題和隱患依舊存在,覆盤也就失去了應有的意義。

很多時候,一個人能否成功,並不取決於他的學習速度

第三章　閉環思維讓事情可閉合

是否快，他的思想是否超前，而取決於他是否會及時覆盤。我們所有的經驗和知識，只有經過實踐後的覆盤，才能真正轉化為自己的能力。此外，覆盤還有一個神奇之處，那就是它不只限於對眼前所進行的事情發揮作用，在洞悉事物的規律和本質後，能融會貫通，輻射到其他事物的處理上，做到萬事盡通，提高事情的成功率。

事實證明，掌握了覆盤思維，並進一步養成覆盤思維的習慣，就會提高認知，精進技能，及時修正謬誤，減少不必要的失敗，節省資源和人力，發現有效的做事方法和技巧，從而使事情朝著正確的方向快速前進，更快實現成功。

覆盤隔一段時間就要進行，要確保一定的頻率，以便及時發現問題，及時糾偏，同時提高效率，要盡可能地按季、月進行，如果有必要，甚至每一週、每一天都要進行覆盤，覆盤頻率越高，思維疊代就越快。當然，不能總是覆盤不去執行，覆盤後要及時執行。

閉環化思維就是多想一點

有些時候，閉環思維就是讓「思想」多飛一會兒，也就是凡事多想一點，考慮周全一些。比如一個部門經理帶祕書參加產品發布會，在頭一天，經理問祕書準備工作做得如何了。祕書說會議用的 PPT 依照參會的人數已經列印好了；每個筆電都帶了外接電源，滑鼠電池也換新的了……經理聽後，又建議 PPT 多列印幾份，滑鼠電池多備一些等等。

祕書有些不解，就問經理：為什麼要多帶一些，沒有必要啊？

經理說，事有無常，凡事有備無患，如果客戶多來了幾人呢？如果帶的電池不好用呢？如果會議室電源出了問題呢？多準備一些，即便出了問題，也不至於驚慌失措。

類似的問題在生活和工作中，是十分常見的。事實上，許多意外情況的發生都是源於我們沒有提前做好周全的準備，萬事想當然，等問題出現時束手無策。實際上，這種情況絕大多數時候是可以避免的，只要我們事先多想一點，方案多準備幾套。

那些精明的商人總是努力讓自己多想一點，努力讓自己的思維產生更多的「附加價值」，這樣就將自己置於了一個

第三章　閉環思維讓事情可閉合

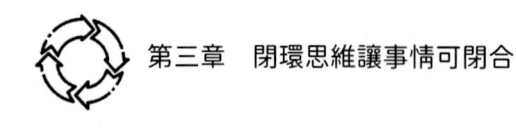

「思想高地」，也由此走在了很多同行的前面。

一次，一位做銅器生意的父親問兒子：「一磅銅的價格是多少？」兒子回答說：「35 美元。」父親有些不高興，對他說：「幾乎所有人知道一磅銅的價格是 35 美元，但是作為我的兒子，你應該說是 35 美元或者更多，如果不信，你可以將一磅銅製成一把樂器試試。」

父親去世後，兒子一個人經營銅器店，他做過銅鼓，做過手錶的簧片，做過奧運的獎牌，他將一磅銅的價格賣到了更多美元，甚至更多。因為他一直沒有忘記父親的教誨：「當所有人都認為一加一等於二的時候，你要讓它等於三或者更多。」

在精明的父親的教導下，兒子也變得聰明起來，學會了讓自己「多想一點」，正是在這種思想的啟迪下，兒子最終也像父親一樣成了一個會賺錢的生意人。

同樣是被蘋果砸了一下，普通人可能爆一下粗口，大聲道一聲「好痛」，然後一腳把蘋果踢開，而牛頓被砸了一下，只是多想了一點：為什麼所有物體都會最終掉落到地面上來？就是因為多想這麼一點，萬有引力定律誕生了。

多年的職業生涯，讓福爾摩斯養成了凡事多想一點的習慣，正是「多想一點」讓他屢屢在看似乎淡無奇的雜亂線索中，發現真正有價值的線索，為破案指明方向；也正是「多想一點」，讓他不被假象所干擾，抽絲剝繭，去偽存真。

在〈惹禍的遺囑〉一案中，遺囑潦草的字跡沒有引起蘇格蘭場警探的過多追蹤，沒有去想一想字跡為什麼會如此潦草，而福爾摩斯卻想，遺囑如此重要的東西，怎麼會以如此隨意的方式擬寫？這裡面是不是有什麼玄機？就是在「多想一點」的基礎上，福爾摩斯的思維被引發，最終推斷出只有沒有準備讓這份遺囑生效的人才會如此隨意擬寫。如果是這樣的話，那寫遺囑的人就是重點懷疑對象。後續的調查證明了福爾摩斯的推斷是正確的。

在〈松橋探案〉（*The Problem of Thor Bridge*）中，福爾摩斯也正是因為「多想一點」，讓案情有了新發現。在案發現場，死者的手裡攥著寫有約會時間和對象的紙條，對此，眾人沒有多想，也都沒有覺得不正常，只有福爾摩斯延伸了思維：在會面的時候還有必要再拿著約會的紙條嗎？此外，在嫌疑犯的衣櫥裡發現了作案用的手槍。福爾摩斯又「多想一點」，哪個罪犯會在犯罪後，將凶器藏匿在私人物品中間。正是這諸多個「多想一點」，把真相最終推到了大眾面前。

在生活和工作中，做任何事情都要養成多想一點的習慣，不要僅僅限於完成任務，要經常問問自己，這件事是不是就這樣結束了，是不是還能做得更好，有沒有更好的方式。堅持這樣想並付諸行動，最終你會發現收穫了更多。

有幾個年輕人大學畢業後進入一家牛奶企業做業務，主要負責超市通路的飲品推廣。剛步入社會的大學生都很有熱

第三章　閉環思維讓事情可閉合

情,也都很用心地去工作。同樣的起點,同樣的資源,可是一段時間後,差距還是顯現了出來,其中一個年輕女孩逐漸脫穎而出,自第一次成為銷量冠軍之後,一直遙遙領先於其他同事,成為這幾個年輕人中的佼佼者。

在一次公司內部交流會中,年輕女孩道出了成為銷量冠軍的祕密。原來,除了按照公司要求每天去超市檢視自己負責的產品銷售情況以外,她還額外做了一些事。她想超市飲品那麼多,顧客看得眼花撩亂,很難發現自己的產品。如何做才能讓顧客發現呢?一番思考後,她別出心裁地做了一些精緻的小彩旗廣告牌,上面簡明地寫明品牌、功用、適合客群以及優惠專案等資訊。在徵得超市管理者同意的情況下,她將這些精緻的彩旗廣告牌插在自家產品上,成功吸引了顧客。

很多時候,就因為凡事多想那麼一點點,就可能讓事情有了更好的發展方向,糟糕的局面有了可迴旋的餘地,從此柳暗花明,最終皆大歡喜。

第四章
閉環思維讓結果可預測

　　閉環思維可以看作是對事物執行發展規律的一種科學的預測方式,可作為後續行動的指南,所以一旦我們掌握了事物執行的規律,就可以先期利用閉環思維對其進行預測和設計。

第四章　閉環思維讓結果可預測

一切皆可設計

....

　　世間萬事萬物皆有規律可循，也皆可設計。之所以我們經常有無從下手之感，主要原因在於還沒有發現和掌握事物潛藏的執行規律。一旦掌握了其中執行的規律，那麼就可以預測和設計了，也就可以形成思維的閉環了。

　　很多人都玩過猜石子遊戲：一個人手裡握著一顆小石子，雙手舉拳，讓另一個人猜。猜對贏一塊錢，猜錯輸掉一塊錢。這個遊戲可視為一個「零和賽局」。顯然，小石子要麼在左手，要麼在右手。

　　猜的人要麼猜對，要麼猜錯，雙方必然一輸一贏，而且輸贏的機率是百分之五十。看起來沒有什麼技巧，只要不具備透視眼，就無法事先知道小石子握在哪隻手裡。

　　事情真的無法預知嗎？不是的。無法預知只是頭幾次的情況，一旦猜者留意到出題者習慣把石子握在右手，或者每玩一次就換手，或者其他某種規律性，就可以形成思維閉環，提高猜中的機率。

　　同樣，如果出題者注意到對手總猜右手，或者每次都換手猜等，也可以反其道而行之，打破規律，重新設計，建立新閉環，進而贏下遊戲。

這不是理論上的推測，而是有實據的。資訊理論創始人夏農（Claude Shannon）發明了一個猜測機器人跟真人玩這個「零和賽局」，最終猜測機器人成功擊敗對手。只因為機器人發現並掌握了真人的運作規律，然後將其回饋到「大腦」，再用以指導行動，進而贏下比賽。

設計是為目的服務的，是朝著目標靠近的，通常情況下，只要設計合理，目標多半會實現，或者說，只要設計得科學合理，在規則允許的範圍內，一定程度上結果就可預測。

一次籃球錦標賽中，甲隊與乙隊相遇。當比賽剩下 8 秒時，甲隊以 3 分優勢領先，正常情況下，甲隊可以穩操勝券。但是，那次錦標賽採用的是循環制，甲隊至少要贏 6 分才能勝出，要不然就失去晉級的機會。可要用僅剩的 8 秒鐘再贏 3 分，顯然已經無法做到。

這時甲隊教練突然請求暫停。暫停後比賽繼續進行，就在這時，球場上出現了令人驚訝的一幕，只見甲隊一名隊員突然運球向自己的籃下跑去，並迅速起跳投籃，球應聲入網。全場觀眾目瞪口呆，比賽時間到，裁判員宣布雙方打成平局，明天上午雙方進行加時賽。這時，觀眾似乎才明白過來。

甲隊腦洞大開的巧妙安排，為自己創造了一次重新勝出的機會。第二天的加時賽，甲隊終於贏了這關鍵的 6 分，如

第四章　閉環思維讓結果可預測

願以償地出線了。

一切皆可設計，從某個角度上講，運氣也是設計的結果。在很多人眼裡，運氣是隨機的，無法掌控，因此只要發現有人在職務上獲得了升遷，在買賣中賺了錢，或在某一領域取得了成功，往往就會說：「這個人運氣真好！」實際上他們的好運氣絕大程度上都是他們設計的結果，都來源於每一次成功的設計，可以說每個人都是他自己命運的設計師。

從前有一個小夥子是個駝背，他愛上了一個商人的女兒，愛得很固執。這事情看起來很可悲，小夥子不僅家貧，而且相貌也不好，卻愛上了商人的漂亮女兒，按常人的觀點來看，一定不會有什麼好結局。但事實是，這個小夥子卻成功與這個商人的漂亮女兒結為終身伴侶。

他是怎麼做到的呢？如果你以為這個商人的女兒不愛漂亮的小夥子，那就大錯特錯了。她和所有青春期的少女一樣，一直幻想著能找到一位迷人的白馬王子，她甚至認為，只有相貌英俊、家資豐厚的漂亮小夥子才能配得上自己，做自己的夫君。剛開始的時候，她始終沒有正眼看過這個駝背小夥子，甚至還嘲諷過他，認為對方的想法是可笑的。

但小夥子一點兒也不氣餒。有一天，他找到了這個女孩子，鼓足勇氣問：「我想知道，妳相信緣分嗎？」年輕的女孩子哪有不相信緣分的，於是女孩子答道：「我當然相信！你相

信嗎？」小夥子看著女孩子，認真地回答：「我當然也相信！而且我已經知道我未來的新娘是誰了。我聽老人們說過，每個男孩子在出生之前，上帝都會告訴他將來要娶的是誰，所以在我出生的時候，上帝已經給我許配好了未來的新娘。可是上帝還告訴我了一件事，我的新娘將會是個駝背，於是我向上帝懇求，希望他能把我的新娘的駝背賜給我，讓我的新娘可以漂漂亮亮。上帝同意了我的要求，所以我變成了如今的樣子。」

小夥子的眼神顯得十分真誠，女孩子看了，忽然間覺得他的駝背其實一點兒也不醜。一年之後，他們結婚了。

這個小夥子可以說是個設計高手。從設計的角度看，我們將一件事做得天衣無縫，把話說得滴水不漏，一定是設計的結果。如，某個人想當一名建築大師，想蓋有特色的建築，就要去學建築學方面的課程，學成後，夢想就可能實現。若不遵循這個套路，隨心所欲發揮創造力，想當然地去設計，就像堆積木，那一定是不行的。

第四章　閉環思維讓結果可預測

閉環思維對結果負責

　　世上的事，有因才有果，有果也必有因，「因」是條件，「果」是結論，因此可以透過「因」推測「果」。這是思維閉環讓結果可預測的一個重要理論依據和主要特徵表現。

　　一次，有人在福爾摩斯和華生的房間的桌子上遺留下一根菸斗。福爾摩斯透過菸斗的修補費用推測出菸斗必為主人所珍愛：菸斗原價七先令六便士，修補過兩次，每次修補用的都是銀箍，修補費用遠超菸斗原價；透過菸斗裡的菸絲推測出對方是一位有錢人：菸絲為格羅納板菸，八便士一盎司，價格昂貴；又透過被燒焦的菸斗的一側推測出對方是一個習慣用左手做事的人，還透過被咬破的琥珀菸嘴，推斷出對方一定身體強健。

　　後來，這些推測都被事實所證明。福爾摩斯的「因果」倒推法再一次取得了成功，也間接證明了好的思維是可以閉環的。

　　我們都知道伽利略（Galileo Galilei）的「比薩斜塔自由落體實驗」。亞里斯多德（Aristotle）認為：物體下落的快慢是由物體本身的重量決定的，物體越重，下落得越快；反之，則下落得越慢。這個理論一直影響了亞里斯多德之後的兩千餘

年，一直到伽利略提出相反意見。

伽利略是如何想這件事的呢？他做了這樣的推想：有兩個物體，一大一小，大的重，小的輕，同時從高處落下，按照亞里斯多德的理論，大而重的物體先落地。如果把這兩個物體「綁」在一起落下，重的物體會因輕的物體的「拖累」而下落變慢，那麼「綁」在一起的合體則會比單個重的物體後落地，這就產生了矛盾。由此，伽利略推斷，亞里斯多德的理論是不對的，物體下落的速度應該不是由其重量決定的。

西元 1589 年，伽利略在比薩斜塔做了一場震驚世界的實驗，那就是「比薩斜塔自由落體實驗」。實驗證明了伽利略推斷的正確性。伽利略先是做了科學的推斷，然後再做實驗。實際上，在實驗之前，伽利略心裡基本上已經對實驗結果有了清晰的判斷。

從猜想到推理，又從推理回到理論，最終匯出矛盾，得出新結論，形成了一個完整的思維閉環。這個思維閉環又指導了後面的行動。所有過程環環相扣，又順理成章，結果也在預料之中。由此可見，在一定程度上，思維的閉環的確是能夠讓結果可預測的。

一群強盜劫持了一個商人，並將他捆在樹上準備殺掉。為了戲弄這個商人，強盜頭子對他說：「你說我會不會殺掉你，如果說對了，我就放了你，絕不反悔！如果說錯了，我

第四章　閉環思維讓結果可預測

就殺掉你。」強盜們都認為，不管商人怎麼說，都逃不脫他們的手掌。

聰明的商人仔細一想，便說了一句話：「你們會殺掉我的。」強盜們聽後，面面相覷，有些發呆：「哎呀，這該怎麼辦呢？如果把他殺了，那麼他就是說對了，那應該放了他；如果把他放了，那他就是說錯了，應該殺掉才是。」強盜頭子左右為難，最後只好將商人放了。

商人的思維形成了一個閉環，使強盜無論怎樣做，都必定與許諾相矛盾。在說之前，商人一定在心裡快速進行了一番推演，發現只有這樣說才會讓自己逃脫災難。而如果他說：「你們會放了我的。」這樣，強盜頭子就可以說：「不會！我會殺掉你的，你說錯了，應該被殺掉。」這樣商人就難逃一死了。

麻省理工學院的一個教授曾作過一個驚人的預言，他說在某航空公司營運狀況良好的情況下，用不了多長時間該公司一定會破產。此預言一出，眾人譁然。有人認為他胡說八道，有人說他瘋了，還有人懷疑他與這家公司有深層次的關係。驚人的事情發生了，他的預言竟然變成了現實，兩年後，這家規模龐大的航空公司真的倒閉了。

難道這個教授是個先知，有預知未來的特異功能嗎？當然不是，這個教授只是一個普通的大學教授，他之所以能準

確地作出預判,僅僅是因為他了解到這家航空公司的管理和執行機制存在致命缺陷,短時間營運可能不會出問題,但是長時間必定會出現連鎖反應,而且結果不可逆。正是基於這樣的思維閉環,他斷言這家航空公司不久就會倒閉。

實際上,不但可以由「因」索「果」,同樣也可以由「果」推「因」,這也是閉環思維可以循環的一個特點。

實際上在福爾摩斯偵破的案件中,由「果」索「因」,倒推還原事情真相的橋段十分之多,在《血字的研究》(*A Study in Scarlet*)一案中,福爾摩斯根據屋外黏土地上的腳印,推斷出凶手的年齡;根據在牆上寫字的高度,推斷出凶手的身高;根據死者的嘴唇傳出來的味道,推斷出死者一定死於中毒。

為什麼閉環思維能夠讓結果可預測呢?閉環思維有些類似於邏輯學中的演繹推理法。演繹推理法是一種確實性推理,是從若干個前提條件出發,按照條件之間的必然邏輯關係,一步步推理,最終推匯出結論的思維方法。由於它的推論前提與結論之間的連繫是必然的,所以可以一步步推導出結論,並且結論也是正確的。

既然有了這層關係,我們就可以利用和發揮閉環思維的這種特點,確定各種「因」,由「因」索「果」,或者製造「因」,獲得想要的「果」。

第四章　閉環思維讓結果可預測

能力要與責任相匹配

有人說：有多大能力，就有多大的責任。就是說能力要與責任相匹配。能力與責任相匹配，有一個明顯的好處，那就是在一定程度上能承載起自己所負責的事情，再簡單一點說，就是不好高騖遠，能勝任自己的工作。這看似沒什麼，但實際上卻非常重要。

孔子曾說：「不在其位，不謀其政。」這是有一定道理的，當你不在某個位置上，就不要輕易去謀劃這個位置上的事。其中有兩方面的含義：一是你不在某個位置，你就沒有權力和資格來對相關的事指手畫腳。如果你非要越俎代庖，強加干涉，那就容易引來當事人的反感，甚至會由此產生大的糾葛。二是由於你不在某個位置，可能不具備相關的知識和技能，這種情況下，你自以為是地插入進來，那麼極有可能因相關能力的缺失，讓本來簡單的事情變得複雜，甚至導致不好的結果發生。

集團公司有三個部門，A部門負責市場調查和設計產品方案，B部門負責對A的成果進行優化，C部門則在B的基礎上進一步優化。

本來各司其職按部就班就可以了，但是A卻對B、C的

工作不滿意，說不是自己想要的樣子，要 B 和 C 部門按照自己的意見修改。

客觀上說，雖然 A 提出的一些意見是有道理的，但是其做法卻帶來兩個不好的結果，一是 A 貿然干涉自己部門職責範圍外的事，引來了 B 部門和 C 部門的不滿。因此雖然 B 和 C 表面上沒說什麼，但卻不配合工作，使 A 的想法很難向前推進。二是 A 部門雖然能力上稍勝一籌，但是還不足以完全負擔起 B 和 C 兩部門的工作，所以在 B 和 C 將全部工作都丟過來後，A 又搞不定，最後致使工作不得不停頓了下來。

對此，A 部門要承擔大部分責任，正是其不當的行為讓事情變得糟糕起來。這告訴我們，當你的能力還不足以讓你可以無所顧忌的時候，不要貿然承擔更大的責任。

正所謂「不可為而為之，必受懲罰」。當你超出你的能力範圍去負更大的責任時，你的精力和時間會因工作的增多或難度的增加而被分割，更大的問題是，即便你付出了你所能付出的時間和精力，也未必能讓事情有個好的結果，這樣勢必會落得吃力不討好的下場，甚至會遭受譴責和懲罰，而這一切都是不自量力的結果。

這並不是在打擊可貴的為夢想奮鬥的熱情，也並不是說人不能有更高追求和渴望，而是一定要量力而行，不可好高騖遠，總要「跳一跳，搆得著」才好。

第四章　閉環思維讓結果可預測

當你對自己的能力有了較為準確的把握後，你就知道自己能承擔得起多大的責任，此時你的行事也就讓人覺得可靠了，負責的事情也就容易形成閉環了。

曾有一個很有才華的年輕人，志向遠大，一次偶然的機會有幸結識了一個美國商業大廠。這個商業大廠對這個年輕人很看好，說願意幫他實現自己的人生目標。可是年輕人的人生目標讓這個商業大廠大吃一驚。年輕人告訴商業大廠，自己的目標是要賺 1,000 億美元。要知道年輕人的目標已超過這個商業大廠當時所擁有資產的百餘倍，難怪讓這個商業大廠震驚。

商業大廠自知無法幫年輕人實現他的人生目標，於是對他說：「你這個人生目標太大了，我無法幫到你。在我看來，假如一個人擁有這些錢，會對世界造成威脅的，我看你還是定個實際的目標吧！」年輕人若有所思地離開了。兩年後，這個年輕人再次來見商業大廠，說他想辦一所大學，需要啟動資金 20 萬美元，而自己已經有了一半，希望商業大廠幫忙籌劃另一半。

商業大廠看過年輕人的計畫方案後，認為可行，於是答應了年輕人的請求。五年後，年輕人透過自己的努力如願以償成功地創辦了大學。

總之，我們要把能力與責任看成一個整體，有多大的能

力,就承擔多大的責任,總體上要達到一個平衡,當能力還無法匹配更大的責任時,就不要貿然承擔更大的責任,要把事情掌控在自己能力範圍內,要能夠推演事情向什麼方向演變,要知道經歷哪些環節,會遭遇哪些風險,自己又該如何掌控,這種情況下,才有可能讓事情形成閉環,未來才真的可期。

第四章　閉環思維讓結果可預測

及時止損也是一種閉環

・・・

　　一個入職網際網路公司一年的員工，每天都很忙，忙於做一些煩瑣的營運工作：寫推薦、審內容、管後臺、填資料、做報表⋯⋯終於有一天，他實在忍受不了這份枯燥的工作，找到部門經理說：「經理，我現在所負責的工作不能說沒意義，可是它過於機械，缺乏創造力，一個高中生就可以做得很好，我想嘗試更有挑戰性的工作，請您調配一個適合的職位給我。」

　　部門經理考慮了一下，答應了他的要求。

　　位於美國西部的加州發現金礦時，各地淘金者蜂擁而至。一個年輕人也懷著淘金美夢加入淘金行列。然而事實遠不及傳說美妙。這裡遍地的不是黃金，而是一望無際的沙漠。人們的瘋狂開採，加之還在陸續湧來的淘金者，讓這裡的黃金幾乎消失殆盡，他們中的絕大多數連一塊金子都找不到。可不遠萬里、長途跋涉而來的淘金者們卻不甘心，他們堅信明天幸運就會降臨到自己頭上，所以他們依舊在瘋狂湧入。

　　荒漠氣候乾燥，每年的降水量少得可憐，包括這個年輕人在內的淘金者都為奇缺的水源所困擾。年輕人隱約覺得，

不能再這樣繼續下去了，要不然只會越陷越深。一天，他聽著同伴的抱怨，轉念一想：既然淘到金子的希望如此渺茫，而人們又都需要水，我何不去賣水呢？

於是，他毅然放棄淘金，來到距離金礦 30 里外的一條小河挑水，將水過濾後挑到礦區去賣。幾個月後，大多數淘金者無法再繼續堅持下去，不得不空手而歸，而這個年輕人卻在這幾個月裡憑藉賣水的收入賺到了人生的第一桶金。

當你發現某個環節存在問題，已經造成不利影響，或者預見到進行下去不會有什麼好結果的時候，理智的做法是叫停，及時止損，然後重新制定合適的解決方案。

投資前，幾乎每個人都在心裡設定了一個虧損底線，價格低於多少，馬上拋售，絕不戀戰。當風險真的來臨時，卻常常抱有僥倖心理。一家糧食企業根據調查的市場情況，囤積了 1,000 萬元的大豆，可是人算不如天算，市場沒有朝著預料的方向發展，一段時間後，市場大豆價格下跌，按照當前的市場價格計算，這家企業虧損了近 200 萬元。

另外一家企業想以市場價收購這批大豆，可是這家企業卻不願意拋售，理由是這個時候拋售注定要虧損，想等價格漲上去之後再出售。但是因市場因素的影響，這個想法是不現實的，具有一定風險。由此這家企業通盤考慮之後，最後決定出售這批大豆，及時止損。

第四章　閉環思維讓結果可預測

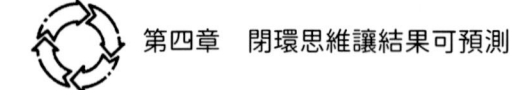

投資和管理學中有個術語叫「沉沒成本」，是指已經發生或付出且不可收回的支出或成本，如時間、精力、金錢等。沉沒成本是一種歷史成本，是已經無法挽回的損失，對此要有正確的認知。但很多時候，出於各種考慮，或心疼之前的付出，或擔心新決策的效果，遲遲不作決定，繼續之前的「老路」，這是極為不明智的。

在學校舉辦的一次奧數比賽中，信心滿滿的菲爾做第一道題時就難住了。他思考了 5 分鐘，沒有一點思路，但他不想跳過去做後面的題，於是又花了 10 分鐘時間來推算，結果還是沒答出來，菲爾不肯放棄，於是又花費了 5 分鐘去思索，還是一無所獲，於是他不得不開始做第二道題，用時 10 分鐘，可是也沒有做出來⋯⋯還剩下半個小時的時間，還有挺多題沒有做，菲爾開始著急，雖然後面那些題都比較容易，可惜時間已經不夠用了。

可想而知，菲爾的這次比賽成績不會理想的。

這個故事中，菲爾在第一道題上「浪費」了 20 分鐘，第二道題用了 10 分鐘，這 30 分鐘相當於沉沒成本──付出了時間與努力，卻沒有任何回報，而且嚴重影響了後面的作答。之所以出現這種情況，就是因為沒有在意沉沒成本。菲爾應該意識到，如果某道題花一個小時也解答不出來，或者根本就不會，那就可以跳過，否則，花的時間越多，時間沉

沒成本越大。

如果你花150元買了一張電影票，你對這場電影是否值150元表示懷疑。看了半小時後，你覺得這部電影簡直讓人無法忍受。你是選擇留下來還是繼續觀看？在做決定時，你應該忽視這150元。這150元是沉沒成本，不管是去是留，錢都已經花出去了。如果你心疼這150元，決定留下來繼續觀看，那麼你就是不明智的，因為這樣的話，除了那要不回來的50元錢外，你還另外損失了更寶貴的時間，以及原本可以愉悅的心情。

難以割捨已經失去的，只會讓自己失去更多，讓原本有希望能夠走下去的路就此止步，事情也就無法形成閉環，所以一定要明智地及時止損。失去的已經不可能再找回，與其「沉浸」以往，還不如忍痛割捨，繼續前行，這樣才能讓事情成功形成閉環。

一個年輕人在一家大公司上了5年班，算是一名老員工，雖然薪資不高，但工作清閒，尤其是當他帶了兩個徒弟之後。年輕人是個很有事業心的人，他不想就這樣「混」下去，想辭職。可一想到辭職，他有些糾結，繼續做下去，沒有什麼晉升空間，一輩子也就這樣了，辭職吧，再到一個新地方，那就要重新再來，之前的努力和付出就白費了。

左思右想，年輕人最後決定辭職。辭職前，有要好的同

第四章　閉環思維讓結果可預測

事悄悄提醒他,再熬幾年,就升遷了,待遇也好了,再說多清閒啊!年輕人沒有動搖,還是遞交了辭呈。如今,年輕人離職十年了,也在自己喜歡的領域奮鬥了十年,生活過得有聲有色。

及時止損是一種人生智慧,也是一種生活上的豁達。讓過去過去,讓未來到來,這是我們對沉沒成本最好的處理方式。做一件事情時,不要讓已經發生的沉沒成本成為我們前行的羈絆,一切向前看,往前走,專注於未來的成本和收益。

缺乏可預測性的行動都是冒險主義

在生活和工作中，我們做事之前，都應該先有一個對所要做事的科學合理的預測，在思想上先行貫通。如果在思想上都無法貫通下去，都會受阻，那麼又怎麼好奢望在行動上能獲得滿意的效果呢？閉環，一定要先從思維上實現。

諸多的事實已經證明，沒有合理的預測而莽撞行事的人，其行動的結果往往只能與自己的目的相反，不是原地打轉，就是弄錯了方向，南轅北轍，浪費了時間和精力，所以，做事之前，應就要做的事精心策劃每一個行動步驟，然後對其進行科學合理的預測。

看下面幾個例子：

一家農機製造企業為了在競爭中占有優勢，提高產業競爭力，在沒有進行深入調查和研究的基礎上，理所當然認為成本是競爭力最重要的影響因素，於是也沒有制定可行的行動計畫，就將公司大部分資源用在了壓縮成本上，而且這一做就是幾年。幾年後領導者發現，產品成本確實降了下來，銷量也上去了，但是利潤卻沒有提升。

經過多次討論、分析，最終他們發現問題出在產品更新換代上，而不是產品價格上。在降低成本的基礎上，公司一

第四章　閉環思維讓結果可預測

再調低銷售價,同時銷售人員大力推銷產品時也一再強調價格便宜,全市最低。大力推動下,那些價格便宜的產品確實賣出去了不少,但利潤卻很低。更為嚴重的是,由於壓縮成本過高,影響了產品的品質,致使口碑變得越來越差,後來問題變得十分嚴重,而且也沒有好辦法挽救,最終無力迴天,倒閉了。

對比看一下華為公司的轉型之路:

華為公司最初的業務是代理交換器。雖然是代理,但利潤卻是豐厚的。實際上,在那個時代,不但交換器的代理利潤豐厚,其他產品的代理同樣也是利潤可觀,因此當初很多企業都不願意進行自主研發。但隨著經濟的發展和市場環境的改變,交換器代理的「幸福之路」受到了挑戰,很多企業進入了這個領域,競爭一下子變得異常激烈。在關鍵時刻,華為公司創始人任正非高瞻遠矚,看到了其中破與立的博弈,深思熟慮之後,他做出了決定,捨棄代理,走自主研發之路。

任正非先一步意識到市場環境已經發生了變化,代理不再是「肥肉一塊」,至少不會一直是,一方面客戶的選擇權變大了,另一方面相關政策也一定會發生改變,代理之路極有可能走不通了,就是基於這樣的預測,任正非毅然決定傾全力開發擁有自主產權的使用者交換器。多年以後,研發終於

取得了成功,華為公司由此搶占了資訊和通訊紅利的「第一杯羹」,並由此走上了研發的快車道。這不能不說得益於任正非的科學預測。

西武集團是一家赫赫有名的日本企業,旗下有170多家大型企業,經營的業務涉及鐵路、運輸、百貨、地產、飲食、學校、研究所等各種產業。一次就是否進一步投資土地,集團高層進行了探討。大多數高層認為土地投資是一本萬利的絕好生意,因此紛紛主張繼續投資。可是集團老闆堤義明卻持相反的看法,在會議上,他說:「政府為了防止土地倒買倒賣,已經決定適時推出土地稅制,以防止土地價格暴漲。無論做什麼事,都要講究平衡,現在很多企業都在投機土地,這樣就會失去平衡,可以預見土地投資已經不是什麼好的商機了,現在你們都主張繼續投資,可是全體一致的主張往往都有問題,所以我主張我們退出土地投資。」

事實證明了堤義明的預測和做法是正確的。和任正非一樣,堤義明準確清晰的預見為公司行動指明了方向,正是在這樣明智的預見性下,事情形成了正向閉環。

原則上看,如果某件事或某項活動在思維上能從前向後貫通下去,形成閉環,那一定程度上就能預見事情的結果,相反,如果思維上貫通不下去,卡住了,無法形成閉環,那結果也不好預測,或者結果與預測的差距很大。而在沒有系

第四章　閉環思維讓結果可預測

統預測是否可行的情況下，不管不顧貿然行動，就會冒很大的失敗的風險。所以，行動前，一定要做好充足必要的準備，同時進行科學的預測，在思維上保證形成閉環，然後再按照計畫逐步向前推進。

第五章
溝通閉環在於有效回饋

一個令雙方滿意的溝通必然是閉環的,而閉環的溝通又必然離不開有效的回饋。要想做到在溝通中獲得及時有效的回饋,就要多注意思維方式的變通和表達技巧的應用。

第五章　溝通閉環在於有效回饋

閉環式溝通才是有效的溝通

老闆交代祕書：下週五我要和袁總探討一下產品推廣計畫，你把上次會議提出的方案整理一下，然後發給我。過了幾天老闆問祕書：方案整理好了嗎？祕書一臉無辜地說：老闆，我已經發給你了。老闆一臉茫然。

懂得閉環思維的人馬上會意識到，祕書的溝通沒有形成閉環，把方案發給老闆並不是這件事的目標，只是其中一個必不可少的環節，正確的做法是，發過去後，要透過口頭或者電話方式告知老闆方案已發，並可進一步提醒老闆如有修改意見可告知，以便及時更正。

這件事中，或許老闆沒有意識到閉環溝通這樣的一個理念，但他心裡一定覺得祕書的工作沒有做到位，進而對祕書的印象大打折扣。

再看一個例子：

小白在公司負責合約的起草和修訂。一次，老闆讓他和合作公司就已經有了初步意見的合約做一下確認和跟進，看還有什麼地方需要完善一下。小白發了訊息給合作公司的窗口，詢問相關的事項要求。可是對方遲遲沒有回覆，小白標註對方了兩次，對方還是沒有回應。小白還有其他工作要

做，見對方不回覆，就去忙其他的事了。沒想到，快下班的時候，對方給了回覆，提出了一大堆要求，而且要求明天上午九點前要看到整理好的檔案。

對此，小白很是無語，但是也沒有辦法，只好連夜整理。一直忙到晚上十一點多，小白才將檔案修改整理好。整理好後小白將檔案發到對方的信箱，然後就去休息了。第二天上午，合作公司的窗口忽然標註小白，問檔案整理好了沒有。小白傻住了，不是已經發過去了嘛，於是告訴對方，昨天晚上已經發過去了。對方回覆：「發信箱，為什麼不告訴一聲？」小白馬上反駁道：「難道你不看信箱嗎？再說昨天我問你要求，你不也一直沒回覆嗎？」

兩人越說越激動，最後吵了起來。最後雙方老闆出面，此事才平息下來。

這就是沒有閉環溝通。問題既出在合作公司窗口身上，也出在小白身上。合作公司既然有要求，就應該及時和小白溝通，而且小白幾次連繫，都不給予回覆。雖然最後給了回覆，但又作了時間上的限制，導致小白不得不晚上加班。小白的不當之處在於，在沒有獲得窗口及時回覆的情況下，沒有將此事回饋給老闆；其次在修改完檔案發給對方後，沒有將訊息傳給對方，導致對方沒有及時檢視。

縱觀整個事情，會發現：兩方的溝通都沒有實現閉環，致使其他溝通都因此而變得無效。你以為對方知道而沒有通

第五章　溝通閉環在於有效回饋

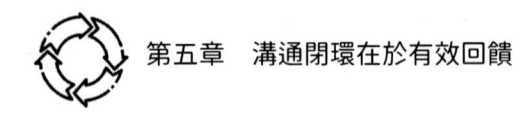

知對方，但對方可能恰恰不知道；你以為對方輕鬆就能搞定，所以沒有及時提供幫助，但對方卻可能因缺少了你的幫助而功敗垂成。

溝通沒有閉環，就可能讓之前所做的很多工作失去意義，溝通也由此變得無效。職場上每個人都很忙，都有很多工作要做，如果你的溝通沒有閉環，對方就可能不會重視，就可能輕易放過此事，或者拖延下去等待變化，最後導致事情無疾而終。

一名電視臺女記者要去採訪環保部門一位很重要的人物，想請他就海洋生物保護這一話題發表意見。她知道對方很忙，擔心遭到拒絕，於是精心設計了話術。在終於成功連線上這位專家後，這名女記者說道：「您好，我是×××電視臺記者，我叫××，抱歉在您百忙中打擾您。我們這週日有一檔有關海洋生物保護的節目，想請您就目前全球海洋生物保護現狀發表一下看法。知道您時間寶貴，所以採訪時間將控制在三分鐘之內，當然如果您允許，可以延長採訪時間，我們求之不得。節目錄製完成後，將在黃金時段播出，屆時會邀請相關主管和相關領域專家一同觀看。您看您能安排出時間接受採訪嗎？」

這名專家聽後爽快地答應了。之所以邀約成功，與這名女記者閉環式溝通有一定關係。

所以,我們溝通的時候一定要努力使溝通閉環化,有始有終,前後呼應,不可脫節。由此,當老闆給你一項任務時,不管完成得如何,或者中間遇到了什麼問題,一定要及時和老闆溝通,將情況回饋給對方,千萬不要等老闆問你情況怎麼樣時,才告訴老闆如何如何了。如果執行過程中出了問題,更要及時回饋。如果你及時將問題回饋給老闆,你就掌握了主動權,一是可以給老闆留下好印象;二是讓問題有了緩衝和改正的時間和機會。

還有,對方發給郵件,記得一定要通知對方及時檢視;快遞東西給對方,一定要及時和對方連繫確認收到;理應收到卻沒有收到,也要及時連繫對方,說明情況。

如果對方有事諮詢你,或者有不明白的地方請求你配合,一定要及時回覆,並盡可能提供幫助,確保事情能夠有效執行下去。負責的事情要積極主動跟進,並將情況及時回饋給老闆或相關方,以便對方做到心中有數。總之,要努力做到閉環溝通。

第五章　溝通閉環在於有效回饋

以開放式提問替代封閉式提問

要注意的是，不是所有的封閉式溝通都是正確和有益的，有些時候需要把封閉式溝通變為開放式溝通，尤其是關於一些敏感性話題的溝通，更要如此。因為日常生活中，出於各式各樣的心理，很多人並不喜歡別人對自己的情況一問再問，他們把別人的提問當成不懷好意，甚至沒事找事，因此感到不快，不願再交談下去。

這種情況的產生，除了與回答者有一定關係外，與提問者的問話方式也有一定關係。提問者要反省一下，看看是不是自己的提問方式不合適，讓對方反感，使對話無法繼續下去。

事實證明，問題確實多半出在提問者身上，因為絕大多數人都喜歡與外界進行交流，之所以不願回答問題，就是因為提問者的提問讓他們感到不快，致使對話無法進行下去。

這類提問者常犯的一個通病是經常把問題「問死」，即他們常常將問題限定在一個很封閉的空間裡，希望對方的回答在自己劃定的範圍內。這類提問被稱為「封閉式提問」。

封閉式提問常用的詞有「對不對」、「是不是」、「能不能」、「會不會」、「多久」等，比如問「你會不會跳舞？」、「你

說我剛才的演講好不好？」、「等我回來，你會不會還在這裡？」等。

在平時的對話中，尤其是聊天時，這樣的提問限定了回答者回答的空間，很多時候出於多種原因，回答者不便直接簡單回答，或不願受這樣的「脅迫」，因此表現遲疑，不願回答，甚至因此而不快，這實屬人之常情，可見封閉式提問不利於互動。

不過封閉式提問並不是沒有好處，它的好處在於能節約提問者的時間，減少因選擇障礙而產生的時間浪費，如：「請問，您是老師嗎？」選項只有「是」或者「不是」，要麼是，要麼不是，二選一，乾淨俐落，不拖泥帶水。

與封閉式提問相對的是開放式提問，開放式提問就是不將問題局限於一個有限的空間內，給對方的回答一個極大的自由空間，體現開放式提問的詞常見的有：「哪裡」、「怎麼樣」、「為什麼」、「談談」、「可以說說你的想法嗎？」等，比如問「你最近在哪裡跑業務？」、「你覺得這部電視劇怎麼樣？」、「今天晚上我們吃些什麼？」等等。

開放式提問避免了封閉式提問的單調，給予了回答者極大的自由發揮空間，激發出他們回答問題的積極性，還可以使其充分發揮想像力，向與問題相關的四周延伸，這樣就容易獲得回饋，也讓回答者的回話富有彈性，有利於讓雙方進入一種互動的氛圍。

第五章　溝通閉環在於有效回饋

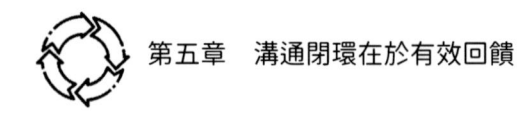

那麼如何進行開放式提問呢？不妨從下列三個方面著手。

1. 少用「二選一問法」

「二選一問法」只能在給定的選項中選擇一個，限定了選擇的許可權，不免讓人不舒服。「吃餃子還是麵條？」要麼吃餃子，要麼吃麵條，想吃其他的，對不起，沒有。

2. 以 5W2H 主導提問

5W 指：What（什麼）、Why（為什麼）、Who（誰）、When（什麼時候）、Where（在哪裡）；2H 指：How（如何）、How many（多少）。以 5W2H 之類的詞語主導提問，會讓問題變得很廣泛，便於回答，同時也讓回答富有彈性。如可以問「你什麼時候從家裡出來的？」、「你們在哪裡商討這個讓人頭痛的問題？」

3. 先限定，後放開

即以封閉式提問開始，以開放式提問推進。以封閉式提問開頭的好處在於可以讓雙方迅速進入互動，當然要注意這個封閉式提問要不難回答，要不然一開始就熄火，後面的對話就無法進行下去了。

在封閉式提問之後，要使用開放式提問，開啟對方的話匣子，以獲得積極的回饋。如可以這樣開始：「你對這個言論有什麼看法，支持還是反對？研究是從哪些方面入手的？遇

到了哪些障礙？」

　　開放式提問雖然能夠讓對方充分表達想法，但是在運用時要注意語氣語調，避免連珠炮式提問，給對方咄咄逼人的感覺，這樣容易引起對方內心的疑惑和反感，反為不美。

　　在具體應用時，兩者結合運用，同時注意言詞和語調，多半會讓溝通變得順暢，進而取得令人滿意的結果。

第五章　溝通閉環在於有效回饋

帶著建設性意見和老闆溝通

　　工作中和老闆溝通是經常要做的事，不過並不是每個人都懂得該如何和老闆溝通，只有少數人才懂得其中的要訣。很多時候，和老闆的溝通都是以員工單方面的接受為主，員工缺乏主動性，致使溝通效果不佳。對員工來說，在老闆布置工作任務時，一是要仔細聽，認真思考；二是要準確理解，如果沒有聽明白，一定要及時提出來，直到領會透澈。

　　上述兩點是和老闆溝通的基本要求，在這兩點的基礎上，還有更高的要求，其中很重要的一點就是在向老闆彙報工作時，要盡量帶著建設性意見，而不是僅僅將客觀情況回饋給對方。這一點看似沒什麼，但是卻會直接影響到溝通的效果和老闆對你的印象。

　　一方面，老闆的事情比較多，時間和精力有限，不可能事事都考慮到，也不可能事事親力親為，如果你僅僅只是把情況反映上去，而不拿出任何意見和建議，老闆就可能因情況不明而無法作出準確判斷。另一方面，如果你是直接的責任人，你什麼意見和建議都沒有，那麼老闆就會認為你是失職的，從而對你產生不好的印象。還有，作為主要責任人或相關人，你有責任將問題回饋給老闆，同時就遇到的問題拿

出自己的看法和建議,供老闆參考決策。

看下面這個例子:

一年一度的中秋佳節到了,某公司準備集合所有員工去附近的景點遊玩。小賈在公司負責行政工作,訊息公布後,她來辦公室請示:「老闆,中秋節公司準備去哪個景點遊玩?」老闆正忙,就問她選了哪幾家,報給他看看。小賈一聽,忙說還沒選。老闆有些生氣,反問道:「那妳的意思是讓我選幾家,然後報給妳選一下嗎?」

小賈急忙說不是那意思,然後匆匆離開了。第二天,小賈又來了,這次她拿了一份幾個景點的情況彙總表,對老闆說:「老闆,我選了幾個景點,這幾個景點我認為性價比較高,也比較符合公司人員的喜好,您看一下吧!」老闆接過報表,一邊翻看,一邊問:「妳問過公司人員是否都能去了嗎?業務部的小丁懷孕了,是不是需要安排人照顧一下,還有這次遊玩的預算統計出來了嗎?」小賈一聽傻了,結結巴巴地說:「這些情況還沒有了解。」老闆嘆了口氣說道:「這些情況妳都沒有掌握,也沒有預算,你叫我如何決策?」

如果你在彙報前沒有做好準備工作,沒有自己的意見和建議,極有可能會遭遇到像小賈一樣的窘境。在大多數老闆的眼裡,只懂彙報而沒有建議的員工是不稱職的,是不能將事情負責到底的,也由此是不能委以重任的。

第五章　溝通閉環在於有效回饋

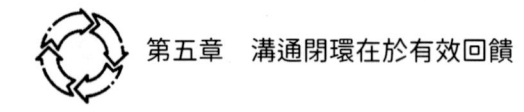

　　嘉文是公司營運部的經理助理，最近一段時間為一場展會的籌備工作忙得焦頭爛額。眼看距展會召開只有一週時間了，嘉文才收到供應商製作的會議樣本冊，開啟一看，商標的顏色明顯與樣品有出入。他向供應商提出交涉，要求重做，供應商說至少需要一週時間才能做好。嘉文沒有辦法，只好拿著有問題的樣本冊找經理彙報。經理聽過嘉文的請示後，說：「事已至此，你準備怎麼辦？」

　　嘉文被問住了，嗯哼半天也沒有想出什麼辦法來，於是說：「經理，我真沒有想過這個問題，您說怎麼辦就怎麼辦。」

　　經理有些生氣：「這是你的問題，你問我怎麼辦？如果我現在就和老闆說，樣本冊出了問題，不能按時交工，那你只能和老闆解釋了。」

　　稍後經理又接著說：「出了問題，不管是不是你的責任，你在第一時間選擇向我彙報，讓我知道情況，這一點你做得很對。但是，你是我的助理，就要幫我分擔責任，而不是把問題交給我就沒事了。所以，當你來向我請示的時候，應帶著補救措施來，而不是不動腦子跟我要答案，除非你動了腦筋但是想不出答案！」

　　嘉文一聽，忙說：「好的，老闆，我知道了，下次我會注意的。」

經理見嘉文認錯態度好，口氣一緩說道：「好吧，現在你就去連繫其他公司，看有沒有兩三天就能交工作的，價格貴點沒關係，但一定要確保品質。」

「好的！」嘉文高聲回答，然後轉身離開了。

在實際工作中，如果向老闆請示一項工作，自己卻拿不出半點意見和建議，不能為老闆提供必要的決策資訊，就不能稱為請示，至多算是傳達。

閉環思維告訴我們，一件工作或者一個專案啟動後，無論完成的程度如何，都要在合適的時間內及時回饋給相關負責人，以形成「閉環」，並且每個活動環節都要貫穿這個思維。

雖然將問題回饋給了老闆，表面上看似乎完成了循環，但是從效果和整個過程上來看，卻是不完整的，因為問題沒有得到解決，卡在這裡了。

通常情況下，如果是職責範圍內的日常工作，可自行處理，無須請示老闆。只有出現了新情況，或者在自己職權內無法解決的問題時，才需要找老闆溝通，請示彙報。但即便如此，在溝通和請示前，也一定要認真思索問題，並就問題提煉出自己的意見和建議，在向老闆彙報時提出來，供老闆決策參考，這樣便於問題的有效解決。只有問題得到了真正有效的解決，工作才能繼續向前推進，閉環也才有可能形成。

第五章　溝通閉環在於有效回饋

凡事莫要「我以為」

由於眼界、身分、地位、知識、見識以及對情況了解程度的限制，每個人對同一件事的看法有所不同，有些時候甚至差別很大，這就造成了對事情的判斷也有了或大或小的差距。這是十分常見的事，別說我們普通人，聖人也會犯這樣的錯誤。

孔子帶領弟子周遊列國。因兵荒馬亂，百姓流離失所，孔子和弟子已好幾天沒米下鍋了。

一天，弟子顏回好不容易要到了一些米煮飯，飯快煮熟時，孔子看到顏回掀起鍋蓋，抓起東西往嘴裡塞。孔子以為顏回背著眾人偷吃米飯，但也裝作沒看見，若無其事地離開了。飯煮好後，顏回請孔子進食，孔子假裝若有所思地說：「我剛才夢到祖先來找我，我想把乾淨還沒人吃過的飯，先拿來祭祖先！」

顏回頓時慌張起來，急忙說：「不可以的，這鍋飯我已先吃一口了，不可以祭祖先了。」

孔子順勢問：「是怎麼回事？」

顏回漲紅臉，囁囁地說：「剛才在煮飯時，不小心掉了些柴灰在鍋裡，我想有灰的米丟了太浪費，就抓起來吃了。」

孔子聽了，恍然大悟，對自己最初「一廂情願」的想法感到非常愧疚，同時他也慶幸自己及時與對方溝通，才沒有讓誤會繼續加大。

連孔子這樣的聖人都不免掉入「我以為」的坑，那平凡的我們不知道要掉入多少次。在工作和生活中，我們常常聽到以下的「我以為」：「我以為吳總會及時連繫您」、「我以為他們就這樣算了」、「我以為你會來找我的」、「我以為打掃阿姨會清理的」等等。這些就是從自我的角度出發，根據自己的感覺、看法，想當然認為事情會怎麼樣。但是，你的看法不代表客觀事實就是如此，也不代表對方的看法，那是你以為的你以為。

看下面這個小故事：

從前有一個人請一個盲人朋友吃飯。吃完飯天色已晚。盲人說：「天色不早了，我要回去了。」主人點了一個燈籠給他。盲人有些生氣，說道：「我根本看不見，你卻要給我一個燈籠，你是在嘲笑我嗎？」

主人忙說：「你不要生氣，我之所以給你點一個燈籠，是因為我們是朋友，我自然知道你看不見，但是別人卻能看見，這樣，你在夜裡走路別人就不會撞到你了，燈籠是為了讓別人看見你，而不是給你照路，你怎麼會說我嘲笑你呢？你這是誤會我了！」

第五章　溝通閉環在於有效回饋

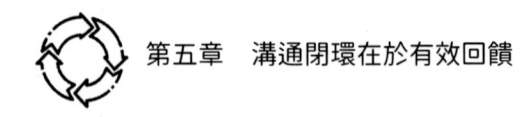

顯然，這個盲人就是從自我的角度出發，根據自己的認知作出的判斷，他的潛臺詞就是：「我以為你點燈籠是給我照路，可我是個盲人，你這樣做不就是在嘲笑我嗎？」

K同學在學校是個資優生，性格很外向。大學畢業後，先去一家公司實習。實習結束後，開始正式求職，剛開始很順利，發出的履歷相繼得到了讓他去面試的回覆。K一直認為自己是佼佼者，是優秀的，因此面試時言行中總帶有一股優越感，在回答面試官提問時，總是語出驚人，以突出自己，展示出與眾不同的一面。

有一家大型企業很中K的心意，面試時他將自己張揚的個性展示得淋漓盡致，從價值觀，到管理核心，再到企業文化，他滔滔不絕、誇誇其談，自認為發揮得十分到位。他相信，大企業的面試官一定是慧眼識英才的，自己的優秀必然會給對方留下深刻印象。在他看來，自己應徵成功的機率可以達到95%以上。

就在他信心滿滿準備複試時，卻發現發布的複試名單中沒有自己的名字。他很吃驚，也大感不解，隨後他打電話去詢問，面試官的回覆再次震驚了他，「公司認為你的性格特質不符合公司團隊⋯⋯」電話中，K試圖回辯：「可是我以為⋯⋯」面試官的回答讓K無言以對：「你以為是你的事，非常抱歉，只能這樣了。」

凡事莫要「我以為」

是的,「你以為」是你的事,不代表「我」的觀點。以「我以為」來判定事情,難免會遭遇尷尬。不知道你發現還是沒發現,很多時候,當說出「我以為」,就預示著這件事「你以為」錯了。這彷彿是個擺脫不了的魔咒,因此在職場中,當和老闆溝通的時候,「我以為」三個字極容易引來對方的不悅,「你以為」、「你憑什麼以為?有什麼依據?理由充分嗎?」確實,如果理由真的充分,那就不是「以為」的事,而是差不多確定的事;說「以為」,也多半意味著裡面摻雜著自以為是的水分。

另外,「我以為」還帶有敷衍了事和擅自做主的意味,如果這件事與工作關係重大,帶來的結果很惡劣,影響很壞,當你向老闆彙報的時候,老闆自然不高興。

曉旭是一家醫療器械公司的業務,入職一年多,業績不好不壞。這幾天發生的一件事讓他很鬱悶。原來他遭到了一個大客戶的投訴。曉旭專門負責和這個大客戶連繫接洽。前幾天他發給對方一些器械樣品的圖片,圖片畫素很大,曉旭以為畫素大,看著清晰,所以就沒做處理,直接發給了對方。可沒想到因畫素過大,很多圖片不能完全顯示,讓客戶很不滿意。

儘管問題不算大,但是卻讓對方懷疑曉旭所在公司的誠意,於是向銷售經理投訴。銷售經理了解事情的經過後,

第五章　溝通閉環在於有效回饋

把曉旭找來談話。曉旭解釋道:「我以為畫素大看著更清晰⋯⋯」

一句話惹火了銷售經理:「你以為,什麼都是你以為,發給客戶前你開啟看了嗎?你不懂得要從客戶的角度看待問題嗎?」曉旭欲辯:「可是我以為⋯⋯」經理更生氣了:「好了,不要再說你以為了,現在你自己去跟客戶解釋,如果⋯⋯」

實際上,從某個角度上看,「我以為」的本質就是藉口,是假設之辭,是推卸責任之語,因此要想讓事情有個好的結果,千萬莫要「我以為」,在和對方溝通時,也盡量不要說類似的話,要不然極容易給溝通增加障礙,讓事情變得複雜。

搭建深度溝通的框架

不知道你發現沒有,很多時候,我們被廣告耍得團團轉,被上級罵得團團轉,被下級哄得團團轉,被同事騙得團團轉,還以為他們說得「很有道理」,其實這個「道理」的「核心思維」與賣減肥藥無異,就是牢牢地抓住了我們的需求。因為我們需要,所以我們聽從。

一定程度上,沒有需求,就沒有溝通。如果你出售、製造的東西,別人都不需要,或者你的意見與建議對他人無用,那就無從說服別人購買你的東西,或是聽從你的意見或建議,也就是說你的溝通缺乏現實的基礎。

反過來看,製造需要是我們與他人溝通的第一準則。因為沒有需要,我們就不需要溝通。那怎麼製造需要呢?那要著眼於馬斯洛需求層次理論,考慮不同領域的需求——無論是生理、安全和保障、愛和歸屬感、自尊還是自我實現的需要。從這些需求中,你一定可以幫對方找到他缺少、所需要的東西,然後告訴他,這些東西只有你才能提供,這樣你就占據了溝通的主動權,也才會讓溝通真正進入一個閉環。

那麼如何透過需求來打造我們的「溝通框架」呢?關鍵要做好下面的五步:

第五章　溝通閉環在於有效回饋

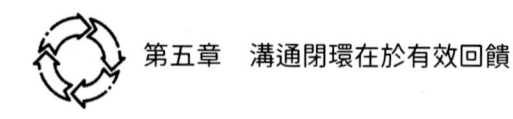

1. 激發興趣

在開始時，要想辦法引起對方足夠的注意和重視，把他們從沉睡中「喚醒」，激發他們的興趣，讓他們從思想上快速地「參與」進來。在這裡，可以藉助幽默話題、驚人的事例、糟糕的數字或吸引人的故事等任何能夠吸引他們注意力的方法將對方快速拉入主題。

2. 創造需求

如果對方沒有需求，怎麼辦？那就要想方設法把對方「煽動」起來，先讓他們意識到：需求要改一下了。但是，不要馬上和將要提出來的「解決方案」建立連繫。這就如同，如果有人打算推銷一款產品，不要一開始就給大家看產品，而應該先告訴他們這個產品會幫他們填補什麼樣的缺陷、滿足什麼樣的需求。總之，讓他們相信現狀是需要改變的。

3. 滿足需要

在向對方展示確切的需要之後，就要開始著手滿足這個需要了。這時，可以介紹自己的解決方案，如解釋它的工作原理；解決對方的疑問。如果你向某位老闆說，他的公司因為某些環節沒有實現自動化而每年要多付出 500 萬元的成本，而實現自動化其實只需要付出 200 萬元。他會不會想讓你馬上為他提供自動化的解決方案呢？相信一定會考慮的。

4. 展望未來

這一步，是溝通實現真正閉環的關鍵之處。前面的三步是在邏輯上說服對方，而這一步則是在心理上打動對方，讓其看到積極的和消極的情況，告訴對方如果沒有解決方案會怎樣，然後對比有了解決方案後又會怎麼樣。這樣做的目的是把「需求的欲望」烙進對方的腦海裡。

在描述展望的時候，要注意一定要現實而且具體，越是現實、越是具體，獲得的效果越好。你的目的只是讓人們同意你的觀點，並促使他們採取和你推薦方法一致的行為，為此，可以使用一些方法或藉助一些工具來分享你的展望。

5. 呼籲行動

這是整個溝通過程中收尾的一步。大家聽完你的整個描述之後想做些什麼？該做些什麼呢？可以直接告訴他們，但更好的方式是想辦法讓他們自己說出來，最好是具體、簡單而且是一件在 48 小時內就能開始做的事，要不然會被人們漸漸遺忘。

在具體的溝通過程中，操作方法不可一概而論，要根據當時的情景，巧妙搭建自己的溝通框架。框架搭好後，結合巧妙的話術和一定的語言技巧，就能有效地實現溝通的閉環。

第五章　溝通閉環在於有效回饋

保持和對方同一頻道

　　我們都知道,對話雖然由說話者控制,但效果卻是由聽者決定的。因此在和別人溝通的時候,一定要「讀懂」對方的邏輯,與其保持在一個頻道上,避免出現錯位溝通。也只有這樣,才能讓溝通獲得真正有效的回饋。

　　那麼溝通時如何和對方保持同一頻道呢?首先,在每一次溝通時,我們都必須弄清楚這四個要素:你是誰,你需要溝通什麼,你要說的和他有什麼關係,對方會怎樣給你回饋,這是進行溝通的幾個關鍵要點。

　　只有將這四個要素徹底想清楚了,才能知道哪些話該說,哪些話不該說,哪些話說了對方會聽,哪些話會令對方反感。比如,爸媽想說服自己的孩子認真學習,於是和孩子進行了一場溝通。

　　那麼,在這場溝通中,爸媽該如何定位自己的身分?又該如何定位孩子的身分呢?兩者之間的關係又是怎樣的?

　　很多家長習慣把自己定位為「慈母嚴父」,把孩子定位為「不聽話的孩子」,把兩者之間的關係定位為「教育者」和「受教育者」。結果呢?一場溝通下來,心力交瘁的父母沒有達到預期的效果,反抗心理也使得孩子更加厭惡學習。

能怪家長太嚴厲嗎？能因為孩子不聽話而生氣嗎？似乎都不能！只能說，在這場溝通中，家長沒有做好定位，就是沒有想清楚自己和孩子的身分、關係，這其實一點兒也不難，父母親和孩子朝夕相處，根本不需要作第一級定位，因為早就知道孩子喜歡什麼，想要什麼。父母其實可以把自己的身分定位為孩子的朋友，把兩者之間的關係定位為「好朋友」，以敞開心扉的姿態去和孩子溝通交流，這樣就容易獲得孩子的回饋。

事實證明，和與自己觀點、思維邏輯不一樣的人溝通交流是非常困難的。在溝通當中，如果雙方之間沒有共同點，那彼此之間的距離感就很難消除，而且在交流過程中，也非常容易形成心理隔閡，產生交流障礙，因此要想讓溝通顯現效果，就要想辦法消除雙方之間差異點帶來的障礙。

如果雙方在背景、身分上有差異的話，在溝通時，要注意選擇適合這種身分和關係的語氣和措辭，盡量使對方容易接受。比如和上司就某件事或某項工作進行溝通，應選擇建議的語氣，既維護了對方的體面和尊嚴，又能使對方樂於傾聽我們的表達；如果面對的是下級和晚輩，語言不妨溫和、親切一點，這樣能顯示對下屬的關心和愛護，言辭也易於使對方接受。

如果雙方立場、角度不同，可以運用懷柔的辦法，試著理解對方，試著站在對方的立場上，以對方的思路來考慮問

第五章　溝通閉環在於有效回饋

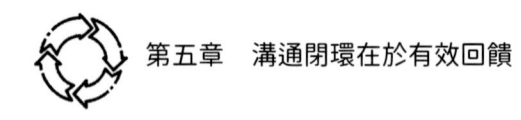

題，然後用合適的言辭和對方交流，可能就會獲得對方的積極反應，最終獲得滿意的效果。如果雙方目的不同，這種情況下，最好的解決方式，是在不同當中尋找共同點，求同存異，最終使目的迥然不同的雙方進入相同的軌道。

　　面對同一件事情，不同身分的人可能有不同的立場，有不同的想法，有不同的處理邏輯。如果大家能想到一起，立場相同，觀點相近，那麼溝通起來就會順利許多。如果大家的立場相左，處理問題的思維邏輯也大相逕庭，那你一味強調自己的邏輯，則很難獲得對方的認同。這種情況下，要想獲得對方的積極反應，除了要有清晰的思維、語言邏輯，還要了解對方在這件事情上的立場、觀點，以及處理問題的邏輯。了解清楚了，可以順著對方的邏輯說話，慢慢引導，設法讓對方的邏輯支撐你的觀點，最終用對方的邏輯證明自己，說服對方。

　　許多時候，我們不買保險的邏輯是：既然保險那麼好，為什麼還要到處推銷，而且推銷的成功率又那麼低？說明它並沒有業務員描述的那麼好，而且其中可能有蹊蹺，既然有蹊蹺，那我為什麼要買？把錢存在銀行不更保險麼？

　　有些保險業務員不明白客戶的內心想法，一味地強調保險的好處，可是他不清楚，他越是強調這些好處，越容易引發客戶的牴觸情緒。而高明的保險銷售人員在和客戶溝通

時，會針對客戶的各種猶疑心理，從對方的各種想法入手，逐一推敲，分析利弊，最終證明保險非常有必要配置，只不過不同情況需要配置不同種類的險種，如此而已。

總而言之，溝通要想獲得對方的積極回饋，一定要與對方保持在同一頻道，正如，想要釣到魚，就要像魚一樣思考。都不知道對方在想些什麼，不知道對方的邏輯遵循怎樣的路線，就夢想獲得良好的溝通效果，真的只是想想而已。

第五章　溝通閉環在於有效回饋

第六章
工作閉環在於良性循環

　　工作閉環的一個重要的特徵表現就是實現了工作上的良性循環。拋去無法改變的客觀因素的影響，我們需要在主觀上做到端正態度、提高認知、自動自發，這樣才會增大成事的機率。

第六章　工作閉環在於良性循環

讓工作可交付

　　讓工作可交付，是職場人應具備的一種工作態度和必要的工作方法，它體現了一種閉環思維。讓工作可交付，不是敷衍了事，不是當一天和尚撞一天鐘，而是要有所負責，有所擔當，讓自己的本職工作盡量有個令人滿意的結果。這裡面蘊含著用心和不用心的差別。

　　一個小和尚在寺廟專門撞鐘，撞了半年，覺得無聊之極。儘管他每天都能按時撞鐘，但半年下來住持卻很不滿意，就安排他到後院劈柴挑水，原因是他不能勝任撞鐘一職。

　　對此，小和尚很不服氣，就問住持：「我撞的鐘難道不準時、不響亮？」

　　住持當即告訴他：「你撞的鐘雖然很準時，也很響亮，但鐘聲空乏、疲軟，沒有感召力，缺乏靈魂。鐘聲是要喚醒沉迷的眾生，因此，撞出的鐘聲不僅要洪亮，而且要圓潤、渾厚、深沉、悠遠，而你沒有撞出這樣的效果。」

　　工作真的不是你做了就可以，而是要努力使其擁有良性的結果，要體現出它的價值。如果只抱著「做一天和尚撞一天鐘」敷衍的態度去工作，不僅對個人的進步無益，而且往

往會讓工作無法進行下去。

大學生 A 畢業後被招進一公司。可能是受某個職場「前輩」的祕密傳授，對老闆交代的工作，不管老闆說什麼，都是「是」「是」「是」，「好」「好」「好」，「對」「對」「對」。

老闆問：「你還有什麼意見？」

A 回：「沒有了。」

老闆問：「對了，你看三天時間能完成嗎？」

「好，好，可以，可以。」

老闆想了想，覺得三天時間有點趕，於是又說：「我看三天時間有點趕，一週怎麼樣？」

A 回：「好，也可以。」

A 覺得這是在服從老闆的安排，其實老闆心裡會想：到底幾天算合適，你沒有想法嗎？給你一個月時間也好嗎？

顯然，大學生 A 的思想是有問題的。工作自然不是老闆說行，你就說好；老闆說不行，你就說不對，應該有自己的理解和主見。這樣的工作態度會讓工作浮於表面，而且容易讓人陷入失誤，自然是交代不過去的。

C 君也是個職場新人，他雖然沒有像大學生 A 那樣沒有自己的主見，對老闆唯命是從，卻犯了另一個錯誤。剛到公司，為了和同事打好關係，他是有求必應，無論是分內工作，還是分外工作，只要有人招呼一聲，他從不拒絕，跑前

第六章　工作閉環在於良性循環

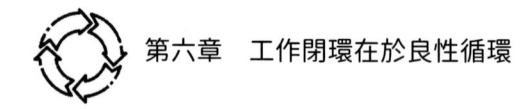

跑後，非常積極。

剛開始，老闆還誇他勤快，讓大家向他學習，可是見他一連幾個月也沒有談成一個客戶，就有意見了，對他說：「公司是請你來做市場的，你卻在服務大眾，要不要再給你發份薪水？」

現在很多產業都存在大量競爭現象，競爭激烈，要想讓自己的工作出成績，可以交代，一定要立足現實，深入到工作中，邊工作邊學習，加強對業務的了解，提高工作技能和效率，然後將學到的知識回饋於工作中，這樣的思維閉環才是正確的，也是職場人所要具備的。

公司的月度會議上，在報告上個月的銷售情況時，總經理讓業務一部的 A 經理先說一下他們部門的情況。A 經理說：「整體而言，還是很不錯的，這個月我們部門雖然少了幾個人，但是業績還是有了一定幅度的提升。我想，如果再能招納幾個業務進來，我們下個月的業績應該會更好，也許會再上一個臺階，還有可能……」

總經理打斷 A 經理的話：「長話短說，直接說，上個月的銷售額是多少？」

A 經理翻了翻本子，說：「大概 200 多萬吧。」

總經理又說：「業務二部的 B 經理，你來說一下你們部門的情況。」

B 經理開啟本子:「上個月我們部門的銷售額是 369 萬,同比增長 12.6%,銷售成本 92 萬,同比下降 18.6%,在員工培訓方面,支出 12 萬……」

顯然,A 經理的表達是有問題的,該用數據的地方沒有用,該準確描述的地方含糊帶過,工作沒有做到可交付。而 B 經理的表現則是可圈可點的,重點突出,各項數據詳實具體,讓人聽得非常明白清楚,真正做到了讓工作可交付。

讓工作可交付是對所有職場人士的一項基本要求,只有做到了這一點,才能讓個人的工作價值體現出來,也才能讓工作的流程延伸下去。如果公司每個人都沒有做到讓工作可交付,那麼公司還能正常運轉嗎?答案是顯而易見的。

第六章　工作閉環在於良性循環

以自動自發的態度工作

　　自動自發體現的是一種主角的工作態度。很多人工作持這樣一種心態：自己只是個員工，只把自己職責範圍內工作做好了就萬事 OK 了，其他部門的工作完成得好不好跟我關係不大。如果真的是能把自己職責範圍內的所有工作都按時完成，且完成得盡善盡美，那絕對算是稱職的員工，可是實際上，這是很難做到的。

　　首先大家都是工作鏈上的一環，一人負責的事情和其他部門的工作有著直接或間接的連繫，一項具體工作可能是一個宏大規劃的組成部分，一個小的閉環往往也是更大閉環的構成節點。所以，工作「獨善其身」是不存在的，大家都是企業中的一員。

　　其次這種心態不利於發揮工作積極性。一個人如果整天只盯著眼前的工作，只想著如何舒服「摸魚」，工作敷衍塞責，做一天和尚撞一天鐘，被動應付上司分配的工作，不想如何更好地完成工作，如何提高效率，那麼工作怎麼能做好？再設想一下，如果人人都這樣想、這樣做，工作又如何能實現良性循環？在激烈的市場競爭中，無法實現良性循環的工作，無法實現良性循環的公司，用不了多久就會被市場淘汰。

對個人而言,解決這個問題唯一的辦法就是工作要自動自發,把格局開啟,以老闆的視角去看待工作,去解決問題。這種主動工作的態度會讓一個人把很多事情做到前面,即便那些在之前看來完全是職責範圍外的事情。那麼,這樣做會讓事情有了什麼樣的變化呢?

美國伯利恆鋼鐵公司董事長齊瓦勃(Charles Schwab)出生在美國鄉村,由於家境貧寒,他很早就輟學,幾乎沒有受過什麼像樣的正規學校教育。輟學後他便出來打工,做一些零活。一個偶然的機會,齊瓦勃看到鋼鐵大王卡內基(Andrew Carnegie)旗下一個建築工地在招工,於是他報名成了建築工地的一名工人。

建築領域的工作,齊瓦勃從來沒有接觸過,要幹好這一行他需要從零開始學,而且他抱定了要做同事中最優秀的人的決心,因此當其他人在抱怨工作累賺錢少而消極怠工的時候,他卻默默地做事,而且做得非常好,他覺得這是他累積經驗的好時候。同時,他還利用工作之餘的時間自學建築、管理方面的知識。

一天晚上,工友們都在閒聊,唯獨齊瓦勃一個人躲在角落裡靜靜地看書。那天恰巧公司經理到工地檢查工作,經理看了看齊瓦勃手中的書,又翻開他的筆記本,問他:「白天工作已經很累了,怎麼還讀這些書呢?」

第六章　工作閉環在於良性循環

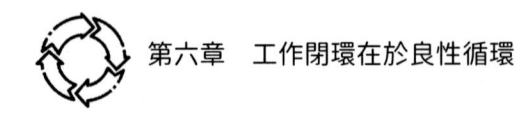

原來當時齊瓦勃讀的是一本管理方面的書籍。齊瓦勃說：「我不單純為了賺錢，我是為自己的夢想工作，為自己的遠大前途工作，我看這類書就是希望自己朝著更高的方向努力，而且我把這份工作當成自己的事業來做，當然希望把它做好。」

經理聽了十分高興，沒再說什麼就走了。不久，齊瓦勃就被升任為工廠技師。

工作自動自發，當成自己的事業來對待，這是齊瓦勃一直秉持的信念。正是這種信念讓他不懈努力，在自己的工作職位上盡職盡責，沒用多長時間，齊瓦勃就升到了總工程師的職位。在他25歲那年，齊瓦勃當上了這家建築公司的總經理。

成功學大師拿破崙‧希爾（Napoleon Hill）僱用了一個年輕的女速記員，主要工作內容是聽拿破崙‧希爾口述，然後將其影印出來交給拿破崙‧希爾。她的薪水和其他從事類似工作的人大致相同。一次，拿破崙‧希爾說了一句話請她記下來並影印出來，這句話是這樣的：你要清楚，你所受的唯一限制就是你大腦中自己給自己設定的限制。

女速記員被這句話打動了，她決定從此改變自己。

她是如何做的呢？從那天起，女速記員變得勤快了起來，她開始在用完晚餐後回到工作職位上來，不用拿破崙‧

希爾吩咐,就去做她分外而且沒有報酬的工作,比如替拿破崙‧希爾拆閱並分類來自全國各地讀者的信件,然後送到拿破崙‧希爾辦公桌上。之後,又在拿破崙‧希爾的允許下,替拿破崙‧希爾給讀者寫回信。

由於長期為拿破崙‧希爾工作,女速記員已經很熟悉拿破崙‧希爾的寫作風格,因此她回信寫得和拿破崙‧希爾一樣好,甚至比拿破崙‧希爾還拿破崙‧希爾。對此,拿破崙‧希爾十分驚奇和滿意。因此當拿破崙‧希爾的私人女祕書辭職時,拿破崙‧希爾第一時間想到的就是這名女速記員。此時,這名女速記員完全有資格出任拿破崙‧希爾的私人祕書。實際上,已經有其他人開始注意到了這名女速記員,有很多人為她提供了更好的職位希望她跳槽到自己公司,薪水是速記員的好幾倍。拿破崙‧希爾不是傻子,當然不會讓這麼好的員工被人挖走,所以他及時聘請她做了私人祕書。

可以說這名女速記員職業的巔峰時刻是她自己創造的結果,如果她一直以一種員工的心態對待自己的工作,那麼勢必不會有後面的機遇。正是她的努力、她的行為、她的思維,為她的人生帶來了改變,也給公司和他人帶來了價值。

微軟創始人比爾蓋茲曾這樣說:「如果只把工作當作一件差事,不自動自發工作,或者只將目光停留在工作本身,那麼即使是從事你最喜歡的工作,你依然無法持久地保持對工

第六章　工作閉環在於良性循環

作的熱情。但如果把工作當作一項事業來看待，自動自發工作，情況就會完全不同。」

IBM創始人湯瑪斯・約翰・沃森（Thomas John Watson）說：「如果你想做到出色，你就一定能夠做到。只要從你有這個想法的一刻開始，停止再做碌碌無為、草草了事的工作，代之以自動自發工作。」

無數的事實告訴我們，態度在我們的做事中有決定性的作用，它適用於生活的各個領域，來自哈佛大學的一項研究發現，一個人在他取得的成就中，以及他所遭受的失敗中，積極、消極、努力、樂觀、自信、猶豫、責任心……這些態度因素的影響占80%左右，所以無論你選擇在哪個領域工作，也無論你身處哪個職位，如果你要想讓你的工作形成閉環，那麼必須要採取積極的工作態度，也就是你要自動自發去工作。

完成了不等於閉環了

很多人將做事閉環簡單理解為「事情完成了」，可是很多時候事情完成了不等於閉環了。經常聽有些人說：「我工作做完了。」、「我的設計方案交給主管了。」、「我已把檔案交給他們公司櫃檯了。」等諸如此類的話語，話裡面有底氣，還有不服氣。自認為完成了，沒有什麼可說的。

表面上看工作好像完成了，但仔細分析卻不是。比如，老闆請員工把檔案送給客戶。如果員工僅僅把檔案交到對方的櫃檯，是不夠的。需要進一步確認櫃檯有沒有把檔案交到客戶手裡，客戶有沒有真正收到檔案，還有客戶對檔案有沒有什麼疑問或者有沒有提出修改要求。單純只是把檔案交給對方的櫃檯，工作並沒有在一個閉環裡解決。接到命令是前提，送達是內容，回饋是結果，這幾項缺一不可，缺少任何一項都算不上形成閉環。

像下面助手一這樣的完成也算不上閉環：

一個老闆交給兩個助手一個代填的表格，表格的線框、字型大小、對齊方式都是固定的。助手需要把自己負責的部分的數據填好，然後交給老闆彙總。第二天兩個助手都將填好的表格發了過來。第一個助手發來的表格，雖然該填的數

第六章　工作閉環在於良性循環

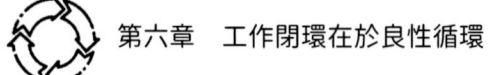

據填上去了,但是字型大小不一,數據後面有底色,一看就知道是從資料庫直接複製過來的,另外線框也沒有對齊,整個表格顯得雜亂無章,讓人看起來很不舒服。

而另外一個助手,不但將該填的數據填好了,還根據發過來的表格的字型、字號、線框粗細,調節了填入的字型、數據,使之保持了一致性,讓整個表格看上去清晰整齊,而且還可以直接複製,十分方便。

從完成度上來看,兩個助手都完成了工作,但是真正實現閉環的只有第二個助手。

下面是成功學大師卡內基的親身經歷,讓他告訴我們完成和閉環有什麼不同。

一次,卡內基安排了一次去加拿大溫哥華的演講。飛機在芝加哥停機後,卡內基往公司辦公室打電話以確認一切是否安排妥當。當他走到電話機旁時,想起了8年前發生的一件事。那次同樣是去溫哥華參加一個由他擔任主講人的會議,同樣是在芝加哥,他打電話給辦公室裡負責資料的祕書愛麗絲,問演講的資料是否已經送到溫哥華了。

愛麗絲回答說:「我早在6天前已經把東西送出去了。」「他們收到了嗎?」卡內基問。「我是請聯邦快遞送的,他們保證兩天後到達。」「他們收到了嗎?」卡內基繼續追問。「應該收到了吧。」愛麗絲回答。

對此，卡內基說：「讓我們分析一下這段對話。它們實際上是兩個對話，一個是關於活動的，而另一個是關於責任與結果的。愛麗絲當然覺得自己是負責任的，因為她完成了她的任務。她獲得了正確的消息，包括：地址、日期、連繫人、資料的數量和類型。她也許還選擇了適當的貨櫃，親自包裝了盒子以保護資料，並及早提交給聯邦快遞為意外情況留下了時間。但是，正如這段對話所顯示的，她沒有負責到底，因為沒有回饋，她不知道確定的結果。」

等卡內基到溫哥華時，發現演講的資料還真的沒有送達，因為那段時間機場工人罷工，快遞暫時受阻，結果變成他很被動，險些鬧出笑話。

想著 8 年前發生的這件事，卡內基心裡有些忐忑不安，擔心這次再出意外，於是他接通了現任助手露西的電話，問道：「我演講的資料到了嗎？」「到了，艾麗西亞 3 天前就拿到了。」她說，「但我打電話給她時，她告訴我聽眾有可能會比原來預計的多 400 人。不過別著急，我把多出來的人的資料也準備好了。事實上，她對具體會多出多少也沒有清楚的預計，因為允許有些人臨時到場再登記入場，這樣我怕 400 份不夠，為保險起見準備了 600 份。還有，她問我你是否需要在演講開始前讓聽眾手上有資料、。我告訴她你通常是這樣的，但這次是一個新的演講，所以我也不能確定，因此，我正準備打電話給你……」

第六章　工作閉環在於良性循環

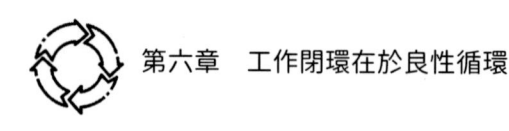

聽了露西的電話，卡內基先生真的放心了。

愛麗絲的工作看似完成了，但實際上她所謂的「完成」不等於真正的完成，因為她缺失了一個確認和回饋的環節，正是這一環節的缺失，讓閉環沒有最終形成，並由此帶來了不利影響。反觀露西的表現，則要好上許多，她細緻入微地將自己的責任落實到底，她預想到一切有可能發生的問題，然後盡可能解決好，她讓事情形成了一個完整的閉環。

總之，要想使事情不出紕漏，或者降低出紕漏的機率，就要努力把該做的工作做到位，事情盡可能想得周全，不要出現掛一漏萬的失誤，因為即便出現小的紕漏，都可能使事情無法形成閉環。從長遠來說，應把盡職盡責和負責到底的態度貫穿到做的每一件事情上，才能讓事情形成閉環，增大成功的機率。

做過了與做好了的區別

　　表面上看,「做過了」和「做好了」,一字之差,似乎沒什麼,但實際上差別卻大了,前者表明某事或某項工作完成了,而後者還進一步表明完成的基礎上有一個滿意的結果。

　　老闆問:「連繫客戶的事進展得怎麼樣了?」下屬回答:「我們已經連繫過了。」「已經把郵件發給對方了。」、「和對方的祕書處已經溝通過了。」等等。這是「做過了」。

　　可以看出,「做過了」不涉及結果,是否把問題解決了,解決的效果如何,沒有答案。如果這樣回答:「已經連繫過了,客戶那邊答應這週三來公司一趟了解詳情。」、「郵件對方接收了,約好明天進一步溝通。」、「和對方的祕書處溝通過了,約定這週三見面詳談。」

　　這是「做好了」。可以看出,不但有具體的方法、步驟、途徑,也有事情解決的結果。

　　可以從兩個思維層面去看「做過了」和「做好了」:

　　一是態度層面。「做過了」表現出來的態度是敷衍了事、隨意散漫、「差不多」、「無所謂」;而「做好了」傳遞出的則是認真負責、擔當、自信。兩者可以說差別巨大。

第六章　工作閉環在於良性循環

看下面這個例子：

兩個年輕人同來一家超市應徵，同時被僱用，又同時被安排到業務部門工作。起點一樣，都是從最基層的理貨做起。不久其中一人被超市總經理青睞，一再受到提拔，從領班一直做到部門經理。可是另一個年輕人卻像被人遺忘了一樣，還一直在做理貨的雜活。終於有一天這個年輕人忍無可忍，向總經理提出辭職，並當面訴說自己的委屈。

總經理想了想，然後對這個年輕人說：「這樣吧，你現在馬上去市郊的批發市場，看看今天有沒有番茄可採購？」年輕人轉身離開了。沒過多長時間，年輕人從批發市場回來了，向總經理報告說：「我去過市場了，有幾車番茄在銷售。」總經理問道：「一共大約有多少斤？批發價是多少？」年輕人又轉身離開了。時間不長，又回來報告說：「我問過了。一共有五千斤左右，批發價是每公斤 4.68 元。」

總經理看著氣喘吁吁的年輕人說：「好了，我知道了，現在看看你的同伴是怎麼做的。」然後叫來已經升遷為部門經理的那個年輕人，跟他提了同樣的要求：「現在馬上去批發市場，看看今天有沒有番茄可採購？」

沒過多長時間，部門經理返了回來，手裡拿著幾個番茄，向總經理報告：「我了解過了，市場上一共有三車番茄，加起來大約有 5,000 斤，產地是越南，今天早晨拉來的，品

質不錯，這是樣品。批發價是每公斤 4.68 元。我溝通過了，如果採購量超過一千斤，會打九五折，超過兩千斤，會打九二折⋯⋯」

準備辭職的年輕人將一切看在眼中，他終於知道了自己一直還在做雜活的原因了。

兩個年輕人，一人止步於工作「做過了」，而另一人則在「做過了」的基礎上「做好了」，這就是區別，就是差距。思想的差距，最終造成了人生的差距。

二是效果層面。「做過了」只代表了一種事情完成的狀態、結果，只表示「工作已經做過了」，時間上屬於過去時態，不關乎結果；而「做好了」，則是以結果為導向，不但代表「做過了」、「完成了」，更強調獲得了一個滿意的結果。

對比一下，效果迥然。一件事情或一項活動，取得的效果不同，所造成的作用和影響自然也大不同。要不然，做好的意義何在呢。

從意義上來說，「做好了」會對下一個節點有良好的示範和促進作用，有利於提高工作成效，形成閉環。為此需要從「做過了」向「做好了」轉變，可從三方面進行：

(1) 首先從心裡提高對所負責事情的重視。只有心裡重視了，才能轉變態度，也才能在做的時候，提高注意力，將事情想得周全，並想方設法做好。

第六章　工作閉環在於良性循環

(2) 提高完成事情的標準。要摒棄「做過了，就完成了」的思想觀念。通常工作都有一個完成標準，低標準對應低效果，高標準對應高效果，所以要適當提高完成工作的標準。即便不能完全達到高標準，但也會在一定程度上有所提高。

(3) 強化覆盤工作。事情做完了，要及時覆盤，檢查有沒有做的不對、不妥當的地方，及時查補缺漏，防止「做過了」形成惡性循環。

執行不是目的，執行好才是目的。沒有結果的事等於沒有做，甚至還會造成反面作用。所以，無論是工作還是生活，我們都要秉持「做過是基礎，做好才是追求」的理念，力求把事情做好而不是做過，讓事情在你手中取得一個圓滿的結果，讓工作流程變成一種良性循環。

學會流程化做事

　　無論做什麼事，都有一個先做什麼，接著做什麼，最後做什麼的先後順序，也就是做事的流程化。一個能夠長期良性運轉的公司，必然有一套良好的流程化做事的規則。

　　流程化做事有什麼好處呢？下面的例子或許能夠說明。

　　在義大利，一位學者聯合了三家學校進行了一次試驗。試驗的器材很少，只有水壺、拖把和各種吃飯用具。這位學者把試驗器材的擺放順序依次打亂，然後又把試驗者按照學校分為三組，並告訴他們試驗的做法。試驗其實很簡單，只要把各種吃飯的用具收拾乾淨，把水壺裡的水燒開，把地用拖把拖乾淨，然後再去寫一篇單字。

　　第一組試驗者，首先做的是收拾吃飯用具，其次是拖地，然後是燒水，最後去寫那篇單字，一共用時二十分鐘。

　　第二組試驗者，首先選擇寫單字，其次收拾吃飯用具，然後拖地，拖地之後燒水，一共用時二十多分鐘。

　　而第三組試驗者，首先燒水，在燒水的期間，先收拾餐具，然後寫單字，接著拖地，做完這一切後，水也剛剛燒開。用時一共是十分鐘左右，要比前兩組試驗者足足快上了十分鐘。

第六章　工作閉環在於良性循環

實際上,可摘取一位數學家華羅庚先生寫的《統籌方法》一段看一下:

統籌方法是一種安排工作過程的數學方法。它的適用範圍極廣泛,在企業管理和基本建設中,以及關係複雜的科學研究專案的組織與管理中,都可以應用。

怎樣應用呢?主要是把工序安排好。

比如,想泡壺茶喝。當時的情況是:沒有開水;水壺要洗,茶壺茶杯要洗;火生了,茶葉也有了。怎麼辦?

辦法甲:洗好水壺,灌上冷水,放在火上;在等待水開的時間裡,洗茶壺、洗茶杯、拿茶葉;等水開了,泡茶喝。

辦法乙:先做好一些準備工作,洗水壺,洗茶壺茶杯,拿茶葉;一切就緒,灌水燒水;坐待水開了泡茶喝。

辦法丙:洗淨水壺,灌上冷水,放在火上,坐待水開;水開了之後,急急忙忙找茶葉,洗茶壺茶杯,泡茶喝。

哪一種辦法省時間?我們能一眼看出第一種辦法好,後兩種辦法都效果不好。

學會流程化做事

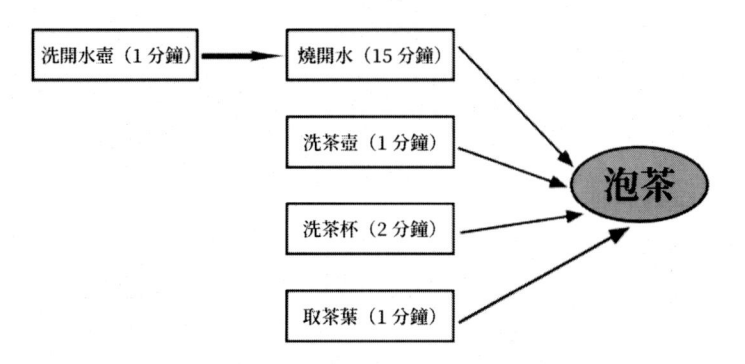

```
洗開水壺（1分鐘） → 燒開水（15分鐘）
洗茶壺（1分鐘）
洗茶杯（2分鐘）          泡茶
取茶葉（1分鐘）
```

圖 6-1　泡茶時間利用示意圖

這個圖可以讓你十分輕鬆地計算出：辦法甲所用的時間為 16（1＋15）分鐘；辦法乙所用時間為 20（1＋1＋2＋1＋15）分鐘；辦法丙所用時間為 20（1＋15＋1＋1＋2）分鐘。

華羅庚先生的這段論述清晰地表明了做事統籌化安排的好處。將這種可以提高工作成效的做事方法固定下來並長期應用，實際上就是流程化做事。

顯而易見，流程化做事的一個非常重要的好處是能夠節省時間，減少作決策的次數，提高做事的效率，把精力放在真正重要的事情上，從而促進工作實現良性循環。

對職場人士來說，要努力把自己的工作程序化、流程化，為此需要掌握幾個要點：

一是設定一個合理的目標。目標一定要合理，要具體明確，切實可行。既要具有挑戰性，又要完全可以透過努力達

第六章　工作閉環在於良性循環

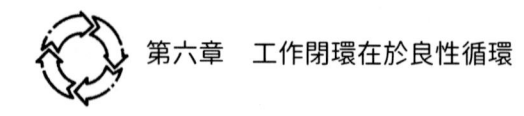

到。如果不切實際，好高騖遠，就不可避免浪費大量的時間和精力。

二是制定計畫。一旦目標設定好了，接下來就是確定需要採取的流程步驟，也就是可達到目標的計畫。要注意的是，計畫不是可有可無的，美國知名企業家理查‧史羅馬指出：「對一件方案，寧可延誤其規劃之時間，以確保日後執行之成功，切勿在毫無適切的輪廓之前，即草率開始執行，而最終導致錯失該方案之規劃。」

透過制定計畫，能夠了解工作和專案的有關事項，清楚工作的每一個環節，知道每一步該做什麼，如何去做，還有知道每一步做完後，下一步應該做什麼，避免出現完成一件任務後不知道該做什麼的狀況，這樣無疑會大大提高工作的效率和流程，還可以避免因忙碌而忘記一些重要的事情。對個人來講，切實可行的計畫對提高個人工作能力、管理程度，以及發現問題、分析問題和解決問題的能力都有極大的好處。

三是確定時間期限。目標有了，計畫也制定好了，還有一個很重要的事情需要做，那就是要確定一個時間期限。沒有時間約束的計畫，過程會拉長，如果過程拉得很長，那計畫就形同虛設，所以一定要設定時間期限。可以把要做的工作分成幾個小的專案，再把每一個小專案都標上截止時間。

四是及時行動。目標有了，計畫制定了，時間期限也設定了，剩下的就是行動了。只要行動給力，一環扣一環，周而復始，流程化做事也就形成了。

　　從長期來看，工作流程化有助於提高工作的品質，促進工作形成良好的閉環。事實證明，越是複雜難搞的工作，越要流程化。那些沒有多少工作經驗的新員工，那些做事粗心大意的員工，就很有必要把工作流程化，藉助流程幫助自己協調和提高做事的速度與步調。

第六章　工作閉環在於良性循環

靠制度保持工作順暢

「犯人船理論」是一個關於制度建設和作用的著名例證，它產生於下面這個事件：

西元 1780 年代開始，為了開發大洋洲，英國政府決定將已判刑的囚犯運往大洋洲，這樣既解決了英國監獄人滿為患的問題，同時，又給大洋洲送去了豐富的勞動力。

運送犯人的工作承包給了一些私人船主。一開始，英國政府以裝船的犯人個數來支付船主費用。船主們為了牟取暴利，用破舊的改裝貨船運送囚犯。船上設施簡陋不堪，衛生條件極差，犯人死亡率非常高。一旦船隻離開了岸，船主按照人頭數拿到了政府的錢，對於這些犯人能否活著到達大洋洲就不管不問了。

最初，英國政府往每艘船上派了一名監督官員和一名醫生，同時還對犯人在船上的生活標準做了硬性規定。但是，犯人的死亡率不僅沒有降下來，甚至有的監督官員和隨船醫生也不明不白地死了。然後，政府不得不採取新的辦法，把船主們都召集起來開會，告誡他們要愛惜他人生命，要理解政府運送犯人到大洋洲是為了國家的長遠大計，但情況並沒有任何好轉，犯人死亡率仍然居高不下。

這時候，一位議員看出了漏洞，他說：「私人船主鑽了制度的漏洞，現在制度的缺陷是給予報酬是以上船囚犯人數來計算的，而不是以到岸囚犯人數來計算。應改變付費制度。不管在英國上船多少人，到大洋洲上岸的時候再清點人數，然後以到岸囚犯人數支付報酬。」

按到岸人數付費制度執行後，效果馬上變好。船主們主動請醫生跟船，在船上準備藥品，改善隨船犯人的生活，盡可能地讓每一個上船的犯人活著抵達大洋洲。改變付費方法後，三艘船到達大洋洲，所載運的 422 個犯人中，只有 1 人死於途中。

此後，制度進一步完善，政府按到達大洋洲的囚犯人數及其健康狀況支付費用，情況好的甚至還給予獎勵，情況進一步好轉。

對於唯利是圖的私人船主，政府的硬性規定、強力監督和道德說教都不發揮作用，但是改變了一下付費制度，執行情況就截然不同了。新的制度既順應了船主們牟利的需求，也實現了政府最大限度地保護犯人安全的目的。

這就是制度的作用。所謂制度，就是為了約束人們的行為而制定的種種規矩。古話「沒有規矩，不成方圓」強調的就是制度存在的價值和意義。無數無可辯駁的事實已經強而有力地證明，制度在維持家庭、企業運轉以及社會秩序方面都

第六章　工作閉環在於良性循環

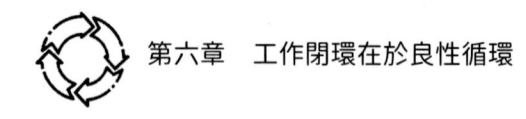

有著舉足輕重的作用。

具體到每件事或每項活動中，制度的保障作用依然是巨大且不可忽視的。很多事情如果沒有制度的保障和支撐，是很難推行下去並貫徹到底的，更別說能取得令人滿意的閉環效果。

對企業來說，制度建設是企業的核心內容之一，沒有相應的各種制度，一個企業別說發展，就是生存都會成為問題。合適的制度可以說是企業的法寶，為企業的前行提供保障。企業制度包括很多方面的內容，比如：管理制度、宣傳制度、人事制度、薪資制度、財務制度、後勤制度等。正是這些制度從多個方面保障了企業的正常運轉。

某現代齒輪機床廠要求員工只要進入工廠，無論是進入工作，還是路過，都必須佩戴安全眼鏡，穿公司發的工作服。違反規定，就要接受嚴厲懲罰。絕大多數生產企業，尤其是食品產業和高階精細儀器產業都有類似的規定。

正因為制度的巨大價值和現實意義，所以制度才具有很高的權威性。對個人來說，要重視制度的權威性，不要隨意「冒犯」，同時亦要充分認知到制度的可利用性，要學會利用制度解決問題，把制度當作解決問題的有力武器，借用制度推進工作，保持工作順暢，最終促成工作閉環。

華為的員工之所以技術好，與華為的培訓制度有很大的

關係。按照公司規定,華為新進入的員工都需要接受公司培訓。培訓合格後方可有機會上工。華為有自己的培訓體系、培訓學校和培訓基地。對新員工來說,華為的培訓過程就是一次再生經歷。在各種嚴格的培訓過後,還有更為嚴苛的任職資格考試,通過者才能進入華為組織體系,才算是正式的「華為人」。正是因為有這樣的系統培訓,華為員工的技能才廣受讚譽。

輪值CEO制度是華為的制度創新。美國一顧問公司受邀為華為設計公司組織結構,在調查研究後,這家公司根據華為的情況,提出建立EMT(經營管理團隊),任正非同意了這個建議,但是他不願意做EMT的主席,最後商討決定實行輪值主席制度,由8位老闆輪流執政,每人半年。經過兩個循環,這項制度最終定型為輪值CEO制。

根據相關約定,輪值CEO接受董事會的直接領導,輪值期間是企業最高的行政長官,主要著眼公司的策略制定、制度建立,而將日常經營管理工作,交由高層管理團隊的成員分頭負責。這種制度的獨特之處在於:最高行政長官並非生產經營決策者,而是策略策劃和制度建立的主持者,同時,這種職能只在短期生效。

現在還不能完全肯定這種制度一定適合華為的實際情況,不過就目前來說,效果還是非常不錯的。隨著情況的變

第六章　工作閉環在於良性循環

化,可能還會進一步調整完善。

　　總之,在保障企業健康有序運轉和推進工作良性循環方面,制度所造成的作用是巨大且不可替代的。我們要做的是理解、尊重、完善它,並盡可能利用它解決問題,提高做事效率。

閉環控制和良性循環

閉環控制和良性循環是事物發展的兩個不同階段。閉環控制是為了將事情掌控在自己手中，不至於任其發展到無法控制的地步，而良性循環則是為了讓事情更好地延續下去，力爭有一個好的開始，同時有一個好的收尾。

舉一個生活中常見的閉環控制的例子：

有兩家相鄰的賣早餐粥的小店，兩家粥店每天的顧客數量相差不多。兩家店的食物品類一樣，價格也一樣，味道也相差無幾。然而，晚上結算的時候，左邊粥店總是比右邊粥店多出百十來元，天天如此。

有一個知情人很好奇，為此他細細觀察了幾天，最後他發現了其中的奧妙。右邊粥店，有顧客進來時，店內人員微笑著迎上去，為客人盛了一碗粥，然後問道：「加不加雞蛋？」顧客說加，工作人員就幫顧客加了一個雞蛋。每進來一個顧客，工作人員都要問一句：「加不加雞蛋？」有說加的，也有說不加的，各占一半。

而左邊的粥店，有顧客進來時，工作人員也是微笑著迎上前，盛上一碗粥，問道：「加一個雞蛋還是兩個雞蛋？」顧客說：「加一個」。工作人員就幫顧客加一個。每進來一個顧

第六章　工作閉環在於良性循環

客，工作人員盛粥後總問一句：「加一個雞蛋還是加兩個雞蛋？」愛吃雞蛋的說加兩個，不愛吃的就說加一個，也有要求不加的，但是很少。這樣一天下來，左邊粥店就總比右邊粥店多賣出很多雞蛋，收入差距就這樣拉開了。

許多人都有這樣的體會，當在麥當勞點餐時，若告訴服務生：「我要一個漢堡、一杯可樂。」服務人員會回應說：「好的！一個漢堡、一杯可樂。另外，要中薯（薯條）還是大薯？」於是你自然順著回答：「中薯吧！」

實際上這兩個現象是同一類問題的反映。實際上你沒有想要薯條的意願，但是對方卻沒問你「要不要薯條」，而是讓你在兩個答案之間作一個選擇：「要中薯，還是大薯？」你不知不覺中了招，這就是閉環控制。

還有比如你希望約見一個人的時候，如果你只是問對方有沒有時間，那麼對方的回答只能是「有」或者「沒有」，而你要是問對方：「你是明天有時間還是後天有時間？」那麼對方極有可能會順著你的思路來回答，答案可能是「明天下午吧」，或者「下週」。

從管理的角度看，閉環控制和實現企業行為的良性循環是一個企業老闆者要具備的策略性眼光和經營策略。企業要想獲得長期的良好發展，勢必要使企業活動遵從這一發展的策略。在這方面我們不妨學學宋太祖趙匡胤。

閉環控制和良性循環

歷史長河中，五代十國的混戰局面結束以後，北宋建立者面臨著兩個重大問題：一是如何重建中央集權的專制統治，使唐末以來長期存在的藩鎮跋扈局面不再繼續出現；二是如何使趙宋王朝長期鞏固下去，不再成為五代之後的第六個短命王朝。

對此，宋太祖趙匡胤求教宰相趙普：「從唐朝結束以來的數十年，戰爭頻繁，百姓生活在水深火熱之中，朕想結束天下的戰爭，使國家長治久安，如何才能做到？」

趙普回答道：「陛下能夠認識到這個事情，真是天地之福，人神之福啊。造成天下的混亂，就是藩鎮的權力太大，君主弱而臣子強。如今要想解決這樣的情況，只有削弱藩鎮的權力，限制他們的財政，將他們的精銳軍隊收歸中央統一排程，這樣天下就會太平了。」

聽了趙普的建議，宋太祖趙匡胤連連點頭。幾天後，趙匡胤在宮裡舉行宴會，石守信、王審琦等幾位老將都來了。大家喝過酒後，開始無話不談。趙匡胤示意身邊的太監退出去，然後和大家喝了一杯酒，說道：「沒有大家的幫助，我不會有今天的地位，我非常感謝大家。」在場的老將很受用。接著趙匡胤話鋒一轉：「但是你們可能想像不到，做皇帝也有許多苦衷啊，有時候還不如你們自在。說實話，我都好久沒有睡過安穩覺了。」

177

第六章　工作閉環在於良性循環

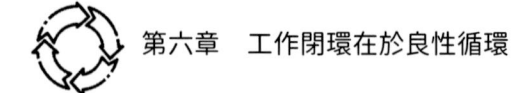

大家聽了知道裡面隱含著內情，急問其中的緣由。趙匡胤仍舊不露聲色：「人們都說高處不勝寒，確實如此啊！我現在站在很高的位置上已經感覺到寒意了。」

石守信等老將跟隨趙匡胤幾十年了，馬上明白了趙匡胤擔心有人覬覦他的皇位，非常害怕，急忙跪倒在地上說：「現在天下已經安定了，沒有人敢對陛下三心二意啊！」

趙匡胤搖搖頭說：「你們和我南征北戰，我自然信得過，但是如果有一天你們的部下為了攫取高位，把黃袍披在你們身上，到時你們怎麼辦呢？」

石守信等人聽到這裡意識到大禍臨頭，十分恐慌，急忙求饒：「我們愚蠢，沒有過多考慮，請陛下指條明路吧！」

趙匡胤見時機已到，試探性地表達了自己想讓他們放棄兵權、解甲歸田的想法：「人生苦短，猶如白駒過隙，不如多累積一些金錢，多購置一些田產，傳給後代子孫，家中多養歌伎舞伶，日夜飲酒相歡以終天年，君臣之間沒有猜疑，上下相安，這樣不是很好嗎？」

石守信等人一聽急忙答謝：「陛下能想到這裡，對我們有起死回生的恩德啊！」

第二天，石守信、高懷德、王審琦、張令鐸、趙彥徽等大臣紛紛上表聲稱自己有病，請求解除兵權，回歸故里，趙匡胤心領神會，欣然同意，准許他們告老還鄉了。

閉環控制和良性循環

趙匡胤此舉可謂高明之極,首先他沒有放任「藩王權力過大」這個問題不管,而是積極採取行動將權力抓在手中,這就是閉環控制。其次,他採用一個合適的辦法實現閉環控制。正由於此,他沒有像劉邦、朱元璋那樣對開國功臣大開殺戮,而是採取了一條很溫和的路線,先是動之以情曉之以理,把情況和自己的苦衷說明,爭取各位老將的同情和理解,然後在成功取得了同情和理解的前提下,馬上實施了第二步,授之以謀,即提供解決出路的方案。

有了前面的鋪陳,這一步實施起來應該說順理成章,重要的是方案要好,讓眾人能接受。這一點很關鍵,出路設計不好,眾人就不會滿意,不滿意就有想法、有怨言,勢必就會激化矛盾,那麼就背離了設計初衷。趙匡胤是個高明的謀略家,自然明白這一點,他很好地解決了這個問題。對趙匡胤的安排,眾人心甘情願,甚至感恩戴德,這就實現了良性循環。至此,趙匡胤完美地解決了這個事關國家命運的重大問題。

對我們普通上班族來說,雖然不會遇到如此重大事項的抉擇,但是,學會閉環控制和良性循環也是十分必要的。對自己職責範圍內的工作,一定要盡自己所能掌控,使其發揮應有的價值和效用,朝著良性方向發展,以確保工作的順利完成。

第六章　工作閉環在於良性循環

和老闆保持思想同頻

　　或許是個性使然，或者是缺乏溝通，很多員工對上司常常有這樣的抱怨：「我的上司一無是處不說，還經常對我指手畫腳，簡直討厭到了極點！」

　　在頭腦中產生氣憤、煩惱，甚至對別人訴說自己上司的無能，這樣的做法絕對是不可取的。你之所以看不上你的上司，原因可能有多方面，但你要這樣想，他之所以能成為老闆，必然有他的可取之處，畢竟大多數公司不會讓一個一無是處的人做老闆。

　　實際上，員工對老闆的很多看法，常常源於對老闆的誤解。

　　小美到公司上班第一天，同事們就向她「介紹」主管的各種毛病。

　　「小心點，他非常嚴肅，妳犯一點小錯都可能受到最嚴厲的批評。」

　　「他總是要求我們按時上班，每天自己卻都要晚來半個小時。」

　　「他簡直就是毫無人性……」

沒見到主管之前,小美主觀上已經受到了同事的影響。等見到主管後,小美發現對方果然看起來一副很嚴厲的樣子。

「小美,妳來一下。」

「好的,經理。」小美急急忙忙來到主管的辦公室。

主管只是簡單地交代了一下小美的工作內容。在小美已經形成的壞印象的影響下,主管的每一個字聽起來都非常嚴肅、可怕。

在以後的很長一段時間裡,小美一直小心翼翼地工作,生怕自己一不小心得罪了這位喜怒無常的主管。一天下班時小美發現自己的車出了毛病,焦急無措時剛好碰到正要離開公司的主管。主管主動上前邀請小美搭自己的車回家。

車上兩人簡單進行了交流。小美才知道,主管每天遲到半小時是因為需要先到總部去開會;而他的冷冰冰,是因為部門裡有好多年輕人,不神色鄭重,往往引不來重視。而對小錯也要嚴厲批評,是因為小錯也可能引發大事故……

第二天上班,小美忽然發現主管的神色和說話似乎也不是那麼嚴肅了。

很多公司,可能是因為身分、地位、角色的不同,老闆和員工之間似乎總有說不清的隔閡。員工認為老闆苛刻、不人性化,亂指揮,還喜歡特立獨行;老闆指責員工沒有主角

第六章　工作閉環在於良性循環

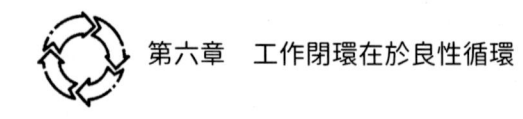

精神,做事不負責任,對公司不忠誠,當一天和尚撞一天鐘等等。

顯然這樣的關係,不利於團隊建立,也不利於工作的開展。正如上面所說,對員工而言,上司就是上司,雖然有些方面可能不盡如人意,但對方之所以能成為老闆,一定有其道理,或者能力突出,或者團隊培養能力強,或者實戰經驗豐富,或者有強大的人脈資源,或者很會打關係,總之必有某些方面的優勢之處。從這方面來說,員工也不能看輕老闆。

另外還有一個員工一定要尊重老闆、重視和老闆溝通交流的重要原因,那就是很多工作的開展需要老闆的支持和配合。作為老闆,他擁有你所沒有的權力和資源,如果你想做好工作,沒有老闆的支持和配合,是很難做到的。所以,從這個角度上來說,即便你的老闆不合你的心意,能力不如你,也一定要盡量保持與其同頻。

可以這樣理解同頻,就是在思想和言行上保持大致的同一節奏,工作中,相互配合,相互支持,多作換位思考,為對方著想。

松下幸之助習慣在空閒時間巡視一下公司。一天深夜,他發現一間辦公室的燈還亮著。「我絕不輕易放過這種浪費公司資源的行為!」一貫嚴厲的松下幸之助誤以為哪位員工

下班的時候忘記了隨手關燈。

當他打開辦公室門的時候，發現一個女員工正在打字機前忙碌。

「我們並不鼓勵疲勞作業。」松下幸之助輕咳了一聲。

「對不起，董事長。因為臨時多了一些資料，所以我留下來打算做完。」

「妳為什麼不等明天上班再做。」松下幸之助的口氣緩和了下來。

「北原主管習慣於一早上班就看當日的資料，所以，我覺得應該今天把它做完，這樣北原主管明天一早就可以看到這些資料了！」

簡簡單單的一句話，感動了松下幸之助，感動他的不僅是這名女員工對工作的負責，更是她能將自己上司的工作習慣作為指導自己工作的態度！

「能如此與上司保持步調一致的員工，絕不僅僅是一名服從上司指令的員工，更會是一名能出色完成任務的員工！」松下幸之助感動過後這樣斷言。

一週後，這位女員工被提拔為松下幸之助的助理。

由此可見，工作中和老闆保持同頻，積極支持和配合老闆的工作是非常重要且必要的，為此工作中需要做到下面幾點：

第六章　工作閉環在於良性循環

　　首先要盡可能深入了解你的老闆，了解他的職責是什麼？他的工作目標是什麼？他需要的配合是什麼？他更期待的是什麼？喜歡的工作模式是什麼？等等。

　　其次要嘗試站在老闆的角度去思考問題。通常老闆考慮問題的層面要高於員工，所以當你嘗試從老闆的角度去考量問題時，你會發現很多誤解是因為站的層級不夠高導致的。有一天當你做到了從老闆的層面去考量問題，你會發現老闆的很多做法是正確的，從而會更加理解和信任老闆。

　　最後要和老闆保持高效的溝通。與老闆進行溝通時，要始終以工作為交流的核心，圍繞工作坦誠交流意見和看法，要讓老闆掌握具體詳實的工作動態。在給出自己的看法和建議時，要注意擺正自己的角色，不要將建議說成決策，要把決策權交給老闆。

　　總之，要想讓工作得到老闆的理解和支持，就要盡可能先與老闆保持同頻，思想同頻，行為同頻，多從老闆的視角看待和解決問題。在感受到你的「善意」情況下，老闆也多半會予以回報，給予你更多的支持，彼此的溝通會更順暢，很多工作也由此會順利開展。

第七章
打通自己的底層閉環思維

很多時候,事情沒有形成閉環的主要原因在於當事人缺乏做事的底層邏輯和系統思維。這種情況下,有意識打通自己的底層閉環思維,並形成習慣,就會讓事情形成閉環。

第七章　打通自己的底層閉環思維

念念不忘，必有迴響

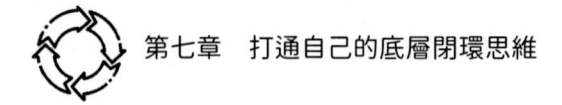

俗話說「念念不忘，必有迴響」，意思就是只要你堅定相信某件事會發生，並且謹記心頭，常念常記，事情就會有實現的那一天，說簡單淺白一些，就是心想事成。想想也是，只要你日復一日、年復一年地一點一滴向著目標前進，帶著渴望去行動，那麼自然就極有可能心想事成。

我們常常說的「不忘初心，方得始終」也是一種「念念不忘」，它們強調的都是堅持和一以貫之。它們看似簡單，但其實極難。要想達成目的，就必須要這樣一以貫之。淺嘗輒止，三心二意，就很容易落得「空悲切，白了少年頭」的下場，看看下面例子中的山羊就知道了。

一隻山羊要去山的另一邊去找夥伴。途中發現了一處菜園和一片果園。面對鮮嫩的蔬菜和飄香的果子，山羊有些猶豫，牠不想放過這麼新鮮的食物。透過內心反覆的鬥爭，牠決定先吃東西，然後再去找夥伴。可是先吃什麼呢？牠又猶豫了。經過痛苦的思考過程，最終牠決定先吃蔬菜，後吃果子。

山羊來到菜園旁邊，菜園的柵欄不僅高而且密，牠根本無法擠進去。山羊不得不悻悻地離開，前往遠處的果園。看

著高高懸掛的果實，山羊懷疑自己的個頭是否能夠碰到這些誘人的果子。當牠低頭思索時，突然發現了太陽照在地上留下牠那長長的影子：「我這麼高大，一定可以搆到那些果子的。」想到這，山羊十分興奮，開始加速向果園跑去。

太陽漸漸升到了中天。這時，山羊也快跑到果園旁邊，看著突然變短的影子，山羊一下子驚得停了下來。「我怎麼這麼矮小？」山羊驚訝起來。當牠再看近在咫尺的果樹時，果樹好像比之前還要高大許多。「這麼高的樹，我怎麼能吃到上面的果實呢？其實，我剛才如果先把菜園的柵欄啃斷幾根，是可以進去的，我還是回去吧。」

想到這裡，山羊又開始掉頭向菜園跑去。跑到柵欄邊，山羊便試著去啃那些柵欄。可是，可能是這些柵欄實在太硬，也可能是山羊不願用自己的牙齒去咬。總之山羊嘗試了半天，也沒有啃斷一根柵欄。這時，太陽已經西斜。山羊又看到了自己高大的影子，覺得自己又有可能吃到果子了，於是，山羊又開始向果園奔去。

最終，這隻山羊既沒有吃到鮮嫩的蔬菜，也沒有吃到飄香的果子，更沒有找到夥伴。可以說既丟了初心，又丟了堅持。

閉環思維離不開初心和堅持。沒有初心，勢必沒了方向，而沒了方向又何談堅持，閉環也就成了一句笑話。熟悉

第七章　打通自己的底層閉環思維

企業家歷史的人會發現，那些古今中外取得偉大成就的傑出人物，他們成就的獲得，無不與念念不忘的「初心」和「堅持」有關。

軟銀集團總裁孫正義很小的時候，他的父親就一再告訴他：「你長大以後會成為日本首屈一指的企業家。」孫正義六歲的時候，他就這樣跟別人介紹自己：「你好，我是孫正義，我長大以後會成為日本首屈一指的企業家。」孫正義每一次自我介紹都加上這一句話，直到後來他成為日本首屈一指的企業家。

在「初心」的鼓舞下，孫正義制定了自己事業的發展藍圖：30 歲前，擁有自己的事業！ 40 歲前，擁有至少 1,000 億日元的資產！ 50 歲之前，作出一番驚天動地的偉業！ 60 歲之前，事業成功！ 70 歲前，把事業交給下一任接班人！

孫正義是這麼規劃的，也是這樣實施的，並且最終也是這樣按部就班實現的。

「蘋果公司」傳奇 CEO 賈伯斯很小的時候開始問自己：我是誰？我來這個世界上是為了什麼？直到他創立「蘋果公司」，成為「蘋果公司」的 CEO，他才知道自己來到這個世界的真正使命是什麼，那就是「改變世界」，從那以後他在這個使命的「召喚」下瘋狂輸出，開始了自己傳奇的一生。

日本「經營之神」稻盛和夫曾說：「心不換物，物不至」。

在創辦京瓷公司時，為了攻克一個技術難題，他晝夜不分研究，為了節省時間，他吃住在實驗室，每天工作廢寢忘食，腦子裡時刻想著解決方案，就連睡覺的時候都在想。他極度認真的工作態度和巨大的付出，讓他的思路逐漸明晰起來。一天，他不小心踢翻了一桶石蠟，石蠟黏在了他的褲子上。他靈光一現：這就是最好的黏合劑啊！懸而未決的難題就這樣異常簡單地解決了。

事後稻盛和夫說，這個無意中的靈感實際上是自己日思夜想呼喚而來的，是「神奇的造物主」給予的迴響。沒有日思夜想的「惦念」，就不會有曇花一現的靈感。

很多時候，我們常常因為走得太快，而忘記了為什麼而出發，最終迷失了方向，偏離了軌道。我們要知道，錯不在世界，而在於自己。我們身處的這個世界是有求必應的，只要你不忘初心，鍥而不捨，世界自會給你應答。

正所謂「心有所念，念有所響，行有所達」。我們所想、所念、所行，會形成我們人生中的一個個閉環，最終回饋給我們。所以，我們要想讓生活如願、事業有成，首先就要堅定我們的初心，篤行我們的堅持。

第七章　打通自己的底層閉環思維

把思維打通形成閉環

一天，一個老者來到華爾街銀行準備借 5,000 元，用期兩週。遵照銀行規定，向銀行借款要有抵押。老者就用自己的座駕，一輛嶄新的勞斯萊斯作抵押。

銀行工作人員說：「您借的時間越長，借的越多，利率越低，您看要不要再多借一些？」老者說：「不用，5,000 元足夠了。」老者拿錢走後，銀行工作人員將勞斯萊斯停在銀行的地下車庫裡。兩週後老者來還錢，除了本金，利息僅 15 元。

銀行工作人員發現老者銀行帳戶上有很多錢，有些不解，便問老者為什麼不用自己帳戶上的錢，卻要借款。老者說：「在我們這座城市，去哪裡能找到 15 元兩週的停車費啊！」

工作人員瞬間恍然大悟。

老者沒有循規蹈矩按正常思路行事，而是劍走偏鋒，想別人所不想，套路外出牌，卻取得了正常思路所沒有的效果，不得不說，老者的思維技高一籌。

實際上，類似腦洞大開的清奇思路生活中有很多，再看一例：有兩家並排在一起的服裝店。由於存在競爭，兩家店

老闆水火不容,每天都打價格戰。只要一家店打出招牌出售某款衣服,另一家店會馬上打出同款商品的廣告,而且價格更便宜。

近三年時間,兩家店一直在打著這種價格戰。為了爭搶客源,雙方會輪番降價,最後價格降無可降,這才罷休。而這時,顧客會到價格更低的那家店裡消費。

由於兩家店的激烈競爭被人們傳開,很多人從很遠的地方來這裡看看,順便挑幾件「便宜貨」。一時間兩家店聲名鵲起。有一天,人們忽然發現兩家店的老闆竟然是親姐妹,原來所有的對抗、競爭都是在演戲,演給路人看,演給消費者看。腦洞大開的思路讓這姐妹倆賺得盆滿缽滿,不能不說是思維高手。

要想讓思維鏈形成閉環,就要讓思維從前向後能夠貫通,在卡住的時候,及時轉換思路,打通節點。平時我們要多錘鍊自己的思維,處理事情要盡量多元化思考,擬定多個解決方案。從錘鍊思維的角度來看,下面四種思維方式是很重要,也是很有效的。

一是逆向思維。逆向思維也叫逆轉思維,是逆著正向思維的方向思考和處理問題。這種思維方式很多時候在正向思維陷入困境時會發揮出意想不到的效果,讓問題得到很好的解決。

第七章　打通自己的底層閉環思維

　　一次，南唐後主李煜派能言善辯的徐鉉到大宋進貢。按照慣例，大宋朝廷要派一名官員與徐鉉一起入朝。朝中大臣都知道，徐鉉能言善辯，自己的口才不如對方，所以都不願意接這個差事。宋太祖得知這個情況後，斟酌一番，做出了一個出乎所有人意料的舉動。他讓人找來幾名目不識丁的侍衛，然後隨機在一個人的名字上圈了個圈，說：「派他去吧。」

　　所有人都很吃驚，但也不敢提出異議。最後，這個肩負重任的侍衛被派去見徐鉉。徐鉉見了侍衛，滔滔不絕地講了一大堆，侍衛一句話也搭不上，只是連連點頭。

　　徐鉉見這個人只是點頭不說話，不知道腦子裡想什麼，也不知道有多大的本事，又不方便問，只好硬著頭皮講。一連幾天，侍衛都沒有說話，徐鉉也講累了，於是也不再說了。

　　宋太祖這是以不變應萬變，你不是能說嘛，那我就反其道而行之，逆向思考，找個不能說的，看你怎麼應對？果然最終讓對方「無話可說」。

　　再看下面這個例子：

　　一位法國農學家在其他國家吃過馬鈴薯後，覺得非常好，便想在法國推廣種植。但是，他越是熱心地宣傳，農民就越不相信，並且，醫生認為馬鈴薯會對人們的健康造成危

害,其他的農學家則認為種植馬鈴薯會使土地變得貧瘠。

經過苦思冥想,這位農學家終於想出了一個好辦法。他懇求國王許可,在一塊出了名的低產田裡種植馬鈴薯,並由一支國王的衛兵專門看守。之後,農學家公開宣告,任何人都不准私自接近這塊土地,更不準挖掘其中的馬鈴薯。可是,這些士兵只在白天看守,晚上全部撤走。

於是,受不住誘惑的人們,紛紛在晚上前來挖掘馬鈴薯,並把它栽進自己的園子裡,像寶貝一樣對待。這樣沒過多長時間,馬鈴薯便在法國推廣開了。

從上面的兩個例子中,可以看出逆轉思維的魅力。當正向無法解決問題時,不妨反過去想,可能就此會別有洞天,甚至柳暗花明。

二是創新思維。創新思維是相對於常規思維而言的一種思維方式,是個體出於實現一定目的,運用現有資源,推出的一種新穎且有價值的行為方式。

創新思維往往能產生出人意料的效果,對問題,尤其是疑難問題的解決有著巨大的現實意義。洛克斐勒曾說:「如果你想成功,就應該走上一條新的道路,而不是遵循被踐踏的成功之路。」意外之意就是要想成功,就有必要學會和運用創新思維來解決問題,開創道路。

范仲淹主管浙西時,恰逢當地鬧饑荒。可是,范仲淹卻

第七章　打通自己的底層閉環思維

沒有像其他官員那樣急於賑災，而是做了三件讓當時所有人都跌破眼鏡的事，其中有一件是舉辦盛況空前的龍舟比賽。

就在眾人大感不解、摸不著頭緒之際，范仲淹出來解釋了：「荒年災月，官府最應該做的不是救濟災民，而是刺激經濟。舉辦龍舟比賽來說，是為了增加就業，讓百姓有收入。」

事後證明，范仲淹三項出人意料的舉措都是十分正確的，極大地緩解了當地災荒對百姓的不利影響。范仲淹反其道而行，違反常規出牌，運用的就是創新思維。

三是擴散性思考。擴散性思考又叫輻射思維、放射思維，是一種打破框架限制，充分發揮探索和想像力，思路呈現擴散狀態的思維方式。擴散性思考和創新思維有些相似，都是從已知條件出發，去探索更多的可能性，找出更多、更有效的問題解決方案。

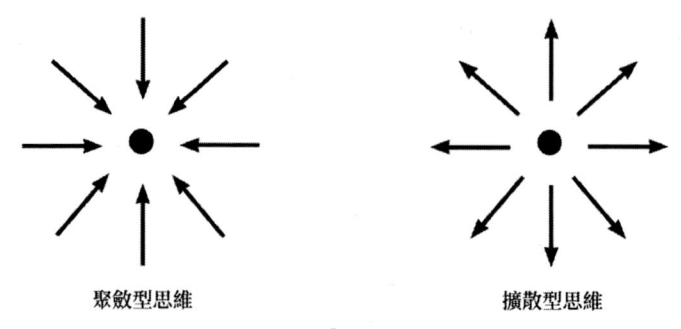

圖 7-1　收斂型思維和擴散型思維線條示意圖

一家玩具公司投入市場的產品熱賣了一年漸漸平息,銷售進入淡季。如何生產出更加吸人眼球的玩具,科學研究人員陷入了苦思。董事長鼓勵大家努力把思維開啟。一科學研究人員想到市面上賣的都是美觀漂亮的玩具,假如生產一些醜陋玩具,定會產生不同的效果。想法提出後,董事長立刻召集人員投入研發,最終研製出一套「醜陋玩具」,然後迅速投放市場。

果然,「醜陋玩具」一投入市場,立刻受到消費者歡迎,十分熱賣。反其道而行之的設計取得了成功。

有些時候,真的是思路決定出路。只有思維對路,才能走上「正路」。

四是橫向思維。本質上看,橫向思維亦屬於擴散性思考,是指突破問題的結構範圍,從其他領域的事物、事實中得到啟示而產生新設想的思維方式。它不一定遵循某種邏輯或順序,具有斷裂性、拓展性、叛逆性和交叉性等特點。

一次,魯班接受了建造一座巨大宮殿的任務。建造這座宮殿需要大量的木材。為了獲取木材,工人們必須上山砍樹。當時,他們只有斧頭這一種伐木工具,工作效率很低。一天,魯班也上山了,正走著,無意中手被生長在山上的一種草給劃傷了。這讓魯班非常驚訝:為什麼這種草這麼鋒利?於是他摘下一片葉子認真觀察。結果發現:葉子兩邊長有許

第七章　打通自己的底層閉環思維

多非常鋒利的小齒。他的手正是被這些小齒劃傷的。

魯班蹲下來仔細觀察，他看見一隻大蝗蟲在草地上啃咬。蝗蟲的牙齒非常鋒利，很快就會吃掉一片葉子。這也激起了魯班的好奇心。他抓起一隻蝗蟲，認真觀察它的牙齒結構，發現蝗蟲的牙齒也有許多細小的牙齒。這兩件事觸發了魯班的靈感，他做了一個有許多鋸齒的小竹片，然後用它去鋸一棵小樹。效果讓他吃驚，他發現，很快小竹片就在樹幹上鋸出一條溝。由於竹片強度低，不一會兒就折斷了。隨後，魯班請鐵匠幫他做一塊帶小鋸齒的鐵板。做成後，他和弟子拿著鐵板鋸齒去鋸樹，很快就把樹鋸倒了。

從哲學的角度看，世間萬事萬物都是有連繫的，一些表面上看似不相干的事物，實際上內裡卻是有連繫的，可以相互影響。這就提供橫向思維用武之地。由於橫向思維突破了解決問題的一般思路，其思維廣度大大增加，因此有可能從其他領域獲得解決問題的啟示，也由此提高了解決問題的可能性。這就讓它在日常生活中變得不可或缺。

丟掉「巨嬰思維」，莫做「職場寶寶」

　　現代職場中，有一種思維很讓人無語，那就是「巨嬰思維」，典型的表現是沒有責任心、做事不負責任，工作能推就推，喜歡抱怨，不願吃苦，總是以自我為中心，從不考慮他人，把自己當作一個小孩子。有這種「巨嬰思維」的職場人，被習慣地稱之為「職場寶寶」。

　　「巨嬰思維」是個人成長和公司發展中的一顆「毒瘤」，往小了說，它會阻礙個人的成長和價值的實現，往大了說不利團隊培養和公司的未來發展。

　　一個女孩入職兩個月了，在公司行政職位工作，剛開始時就喜歡找人幫忙，「幫我回個電話」、「幫我送個檔案」、「幫我做一個考勤表」，成了她的口頭禪。最初大家考慮是新同事，可能工作流程和環節不熟悉，能幫著做的就幫著做了，可是一段時間以來，發現女孩還是凡事總找人幫忙，並且如果對方沒有幫忙，還一副不願意的神情。又一個月過去了，女孩沒有通過試用期考核，走人了，走時一副趾高氣揚的樣子。

　　對這個結果，幾乎所有人都沒有感到意外。畢竟公司不是家，同事不是家人。

第七章　打通自己的底層閉環思維

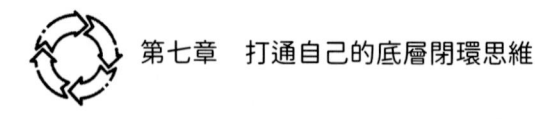

現在是一個競爭很嚴重的時代,正常情況下,絕大多數公司不會養一個沒有工作能力,凡事都找人幫忙的人,或即便工作能力很強,但做事不積極、不願擔責,也絕不是公司所需。

看下面這段對話:

員工:「這個工作我沒有做好,是因為我還不熟悉這裡面的流程,不過我會找同事幫忙搞定的,還有我也會慢慢學的。」

老闆:「你來公司上班,我收你學費了嗎?」

員工:「沒有。」

老闆:「那你來上班,公司發你薪水了嗎?」

員工:「發了。」

老闆:「那好,公司發了你薪水,是讓你來解決問題的,而不是製造問題的。現在你負責的事情出了問題,而且你還無法自己解決,你說你會請同事幫忙搞定,可是他們有他們要做的事,還有你說你會慢慢學,你能告訴我你什麼時候能學會嗎?學會之前,工作由誰負責?所以你要盡快成長起來,能獨立解決問題,而不要指望別人。」

「巨嬰」們通常有很強的依賴感,因此要避免成為職場巨嬰,首先思想上一定要深刻認知到職場不是家裡,同事不是家人,進入職場就要擔負起一定的責任,為職位負責,為同

事負責，為公司負責，員工的價值就體現在其工作能力和為公司所作的貢獻上。

不要怕被利用，要怕沒人利用，成就的獲得都來源於才能的發揮。只有想清楚了這個問題，才能加強工作的使命感，主動去學習，主動擔責，也才能獲得工作技能和經驗的提高。為此平時工作中，要做到以下幾點：

(1) 樹立起正確的認知。職場是一個充滿多種競爭的場所，所以你不但要內心強大，還要能力強大，最好還要經驗豐富。那些依賴性、玻璃心、焦慮感都應該被深埋起來，代之以勇敢、擔當、獨立、自強，這些才是能夠讓你在職場生存下去的「法寶」。

(2) 提高執行力。沒有執行力一切都是空談，所以你要自動自發為自己加壓，改掉做事拖延的毛病，保持時刻向前的態勢。可刻意從幾方面進行錘鍊自己，一是每天安排一張做事優先表，然後按照優先表開展工作；二是為要做的事設立一個合理的期限，然後強迫自己在約定的時間內做好它；三是科學安排時間，在總體上提高執行效率；最終，以結果作為自己執行效率高低、優劣的標準，對自己進行評判和總結，為下一次執行提供借鑑。

(3) 學會高效管理時間。學會高效管理時間，也就是在一定程度上學會高效做事，要不然何談對時間的高效管理。在進行這方面的訓練時，可抓住幾個要點，一是學會計

第七章　打通自己的底層閉環思維

畫做事。做事前，要習慣列一個計畫，先做什麼，後做什麼；用時多少等等都要有個計畫。二是將時間合理安排。把那些費腦力的工作安排在精力最充沛的時候。三是有必要藉助一些輔助管理工具幫助自己提高工作效率，比如電子備忘錄、四象限管理法等。

當我們成功丟掉潛藏在我們身上的「巨嬰思維」，做事自動自發，迎難而上，勇於擔當，積極把一個個「攔路虎」都努力解決掉時，我們就會發現我們的做事效率獲得了提高，我們的思維也不再幼稚，而變得理智成熟。

努力讓想法「閉環」

很多時候，成功僅僅來源於一個靈感，一個突如其來的想法，但是要想把想法變成活生生的現實，形成「閉環」，卻不是件容易的事。對個人而言，讓想法變成現實，需要多種要素的配合，比如正確的思維、個人的堅持精神、他人的配合以及財力、物力等方面的保障，甚至可能還需要一定的運氣。

佛瑞迪是個即將步入成年人行列的大孩子，在暑假將臨的時候，他對父親說：「我不要整個夏天都向你伸手要錢，我要找個工作。」父親想了想答應了。

於是，佛瑞迪開始從廣告欄中尋找招人的啟示，最後，他找到了一個很適合自己做的工作。廣告上說找工作的人要在第二天早上 8 點鐘到達 42 街的一個地方。佛瑞迪到時已經有 20 個求職者排在前面，他是第 21 位。

怎樣才能引起考官的特別注意而贏得職位呢？根據佛瑞迪所說，只有一件事可做，那就是積極動腦筋思索，於是他進入那最令人痛苦也最令人快樂的流程：思索。在真正思索的時候，總是會從頭腦中「蹦」出辦法的，最終佛瑞迪果真想出了一個辦法。他拿出一張紙條，在上面寫了一些字，然後將紙條

第七章　打通自己的底層閉環思維

折得整整齊齊，接著他走向祕書小姐，恭敬地對對方說：「親愛的女士，請馬上把這張紙條交給你的老闆，這非常重要！」

祕書小姐是一名很有經驗的工作人員。她的直覺告訴他，這個小夥子身上散發著一種成功者的氣場，於是她把紙條收下了，並立刻站起來走進老闆的辦公室，將剛才的事告訴老闆，並把紙條交給老闆。老闆看了紙條，緊鎖的眉頭放鬆了，他大聲笑了起來。紙條上寫著：「先生，我排在隊伍的第 21 位，在您看到我之前，請不要作出決定。」

結局怎樣呢？結局是：佛瑞迪如願以償地得到了那份工作。

西元 1820 年，丹麥哥本哈根大學物理教授漢斯·奧斯特 (Hans Ørsted) 無意中發現了一個有意思的現象：如果替一根金屬線通電，放在它旁邊的磁針會發生偏轉。很快，這個發現傳到了歐洲，許多科學家都為這個現象著迷。英國物理學家麥可·法拉第 (Michael Faraday) 就是其中之一。他按照奧斯特的方法重新做了這個實驗，發現真的如奧斯特所說。法拉第給出了科學的解釋：導電的金屬線能夠產生磁場，從而導致一旁的磁針發生了偏轉。

由此法拉第認為電和磁之間一定存在某種不為現在人所知的連繫，它們之間可以相互轉化。在實驗的基礎上，法拉第提出一個假設：既然電流能產生磁場，那麼倒過來，磁場也會產

生電流。西元 1821 年，法拉第開始做磁產生電的實驗。

但是，他做了許多次實驗，結果都失敗了。有些人勸他還是放棄吧，並且說，只有電流能產生磁場，磁場不會產生電流。可是法拉第卻堅信電和磁之間一定能相互轉化。在這種信念的「召喚」下，法拉第堅持實驗。西元 1831 年，他將一塊條形磁鐵插入一隻纏著導線的空心圓筒中，結果讓人驚奇的一幕發生了──電線兩端連線的電流計上的指標發生了微弱的偏轉！啊，苦苦尋覓的電流終於產生了！

法拉第的想法變成了現實，形成了一個完美的閉環，成功的因素是多方面的，但就他個人而言，他的思維、他的專業知識、科學見識以及堅持精神都是不可或缺的。

就思維而言，每個人要想成功，要想讓自己的夢想、規劃、方案實現完美的「閉環」，都需要首先打通自己的思維。只有思維貫通了，才能給行動以指引。

有一位知名教授雖然收入不菲，但是由於家裡孩子多，負擔很大，恰巧，有人聘請他做家庭教師兼顧問，報酬是他薪資的 2 倍，工作地點在雇主家中。

這對他是個「考驗」，他面臨去或者不去的兩難選擇。去的好處很明顯，那就是薪資高，能夠緩解家庭經濟壓力。不利的地方有：工作地點離家有些遠，路上耗費的時間多，另外工作時間可能無法確定，不利於自己的研究工作，還有就

第七章　打通自己的底層閉環思維

是和雇主相處的問題。

聰明的教授沒有二選一，而是改變了選項，確切說是增加了選項，他向雇主提出兩條建議：一是他是否可以推薦一人代替他前往您（雇主）家中，他遠端指揮，如有必要，他會隨叫隨到，親自前往；二是如果將來我們鬧僵了（萬一的話），導致工作無法繼續，那麼您（雇主）是否可以每年支付一半的酬金給我，直至終生。

最後，雇主同意了他的建議。這裡，教授也是沒有直接作是非選擇，而是動腦筋，提出合理化建議，拓寬了選擇的範圍，最終得到了滿意的結果。

初等幾何告訴我們「兩點之間直線距離最短」，從平面空間上看，也確實如此，但是如果將其放在立體運動中，就要換一種說法才準確，看下面的圖：

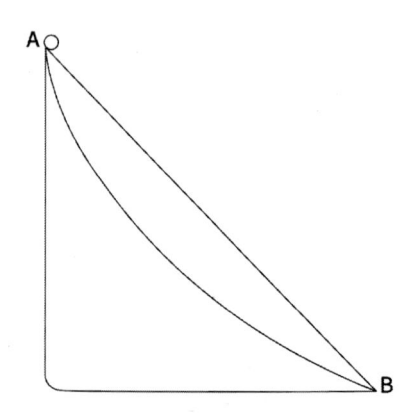

圖 7-2　「最速曲線」示意圖

努力讓想法「閉環」

一小球從 A 頂點分別沿著直線和曲線下滑，問走哪條路徑將最先到達 B 點。答案是沿著曲線下滑將最先到達 B 點。不是兩點之間直線最短嗎？是的，沒錯，可是這不代表沿直線下滑用時最短。這條曲線被稱為「最速曲線」。

思維從來都不是固化的，也不應該是被固化的。如果把目標看作一個湖中島，那麼前往目標島既可以坐船，也可以乘飛機，還可以搭載氫氣球，甚至可以建一座橋。至於採取哪種實現的方式，則要看實際情況和現實的需要。總之，實現的方法有多種多樣。

看看下面的例子對你是不是有所啟示。

有三個使者受本國君主之命來大國請求聯姻。大國君主沒說同意也沒說不同意，而是給對方出了一道難題，並說成功者可聯姻。

題目是將一根絲線穿過有九曲孔道的夜明珠。孔道很細，且彎彎曲曲，針線無法穿過。第一名使者拿來一根很細的金絲，勾著絲線穿。但費了半天勁，臉漲得通紅，也沒能穿過去。第二名使者換了個辦法，他在孔的另一端用力吸氣，想把絲線吸過來，可是最終也沒能把線給吸過去。第三名使者很聰明，他找來一隻螞蟻，然後把線繫在螞蟻的腰間，再將螞蟻放在小孔的一端，之後在螞蟻後邊吹氣。螞蟻受氣流的驅動，就往孔裡面爬，繼續在後面吹氣，螞蟻就爬

第七章　打通自己的底層閉環思維

過了九曲小孔，絲線也帶了過去。

　　一個老人住在海邊，享受著安靜的退休生活。可是這份寧靜被幾個來海邊玩的孩子打破了。老人想讓孩子們離開，於是想了個辦法。他對幾個孩子說，看你們來這裡玩我很開心，為表示我愉快的心情，我每天給你們一塊錢。孩子們很高興。過了幾天，老人說，最近收入不好，只能每天給你們五角錢了。孩子們有些不高興，但也沒說什麼，依舊每天來老人這裡玩。又過了幾天，老人嘆著氣對這幾個孩子說，真是抱歉，收入又減少了，只能給你們一角錢了。孩子們頓時不高興起來，就給一角錢，誰浪費時間在這裡陪你玩，以後再也不來了。自此，老人重新過上了安靜的退休生活。

　　所以，當「偷盜者罰款 2,000 元」沒有效果時，不妨將其改為「舉報偷盜者獎勵 500 元」，可能事情就會發生奇妙的變化。

先完成，再完美

管理學中有一個定律叫「彼得斯定律」，是指為產品最後 1% 的完滿性所做的努力，可能導致市場的喪失。實際上，這裡面含著我們常說的「完美主義」，為追求產品百分百的「完美」，也就是追求產品最後 1% 的完滿性，不顧實際情況，付出大量時間和精力，不計代價「填坑」，最終卻錯失時間和良機，與成功失之交臂。

世人多有愛完美的情結，但奈何世界上本就沒有什麼完美的事物，所以完美只能是虛幻的，是你一廂情願臆想的結果。

一天，柏拉圖向他的老師蘇格拉底求教，問老師什麼是愛情。蘇格拉底帶著柏拉圖來到一塊麥田，請他去麥田裡摘一支最大、長得最好的麥穗回來，條件是只能摘一次，而且只能往前走，不能回頭。柏拉圖走進麥田，邊走邊看，發現有的麥穗很大，長勢也好，但是他卻很糾結，糾結摘還是不摘，摘了怕前面有更大、更好的，不摘又擔心錯過了，最終他還是選擇不摘，一直到麥田的盡頭，然後兩手空空回來了。

蘇格拉底問他為什麼沒有摘到。柏拉圖說，因為只能摘一次，又只能往前走，不能回頭。發現有符合要求的，但又

第七章　打通自己的底層閉環思維

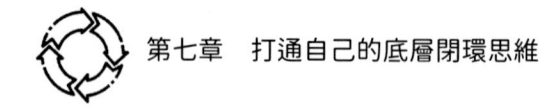

擔心前面有更好的；而走到前面卻發現總不及之前看到的，又不能回頭，只好空著手回來了。聽後蘇格拉底意味深長地說道：「這就是愛情。」

完美主義就像愛情，總覺得不夠完美，總覺得前面會有更好的，一直往前走，但最後也沒有找到百分百完美的，只能兩手空空。

相比較之下，下面這名學生的做法是值得推薦的。情節類似，不過是柏拉圖換成了三名學生，問題換成了「如何找到一名理想的伴侶」。前兩名學生的情形和柏拉圖類似，選來選去，一無所獲，最後兩手空空回來。

與前兩名學生的做法不同，第三名學生將麥田大致分為三段，在第一段麥田時，他仔細觀察，並不動手，他將麥穗分為大、中、小三類；在第二段麥田時，他還只是觀察，暗暗將兩塊麥田的麥穗進行比較，以驗證之前的判斷是否正確；在第三段麥田，在仔細觀察後，他摘下了經比較後的理想麥穗，然後心滿意足地走到麥田盡頭。

雖然第三名學生摘到手的麥穗不一定是整個麥田裡最大、長勢最好的，但相信應該也是很不錯的，相對於前兩名兩手空空、一無所獲的同伴，他完全可以算得上人生贏家。

正所謂「求全莫貪全」，追求完美沒有問題，但不應該執著於百分百的完美而無法自拔，很多時候，由於各種客觀條

件的限制，完美如同水中月，是可望而不可即的。所以，在無法達成完美的時候，不妨先在現有條件下完成閉環，然後再盡量使之完美。切莫不顧實際追求完美，最後與成功失之交臂，留下一個永遠都無法閉合的「環」，空悲嘆！

切莫像下面這個人為追求「完美」而最終碌碌無為。

甲要在客廳裡釘一幅畫，請鄰居乙來幫忙。畫已經在牆上扶好，正準備釘釘子，乙說：「這樣不好，最好釘兩個木塊，把畫掛上面。」

甲就遵從乙的意見，請他幫忙去找木塊。

木塊很快找來了，正要釘，乙說：「等一等，木塊有點大，最好能鋸掉一點。」於是便四處去找鋸子。找來鋸子，還沒有鋸兩下，「不行，這鋸子太鈍了。鋸出來的面不光滑。」他說，「需要磨一磨。」他家有一把銼刀，銼刀拿來了，他又發現銼刀沒有把柄，怕影響效果，他又去校園的一個灌木叢裡尋找小樹，要砍下小樹。他又發現甲那把生滿老鏽的斧頭實在是不能用。他又找來磨刀石，可為了固定住磨刀石必須得製作幾根固定磨刀石的木條。為此他又到校外去找一位木匠，然而，這一走，就再也沒見他回來。

最後，那幅畫，還是甲自己用一個釘子把它釘在牆上。下午甲看見到乙的時候，是在街上，他正在幫木匠從一家五金商店裡往外抬一臺笨重的電鋸。

第七章　打通自己的底層閉環思維

　　完美常常成為「永遠不可能做到」的代名詞。致力於追求完美的人往往在事情到來之時，總是先有積極的想法，然後頭腦中就會冒出「我應該先……」的想法，這樣一來，他們的一條腿就陷入了「完美主義」的泥潭。一旦陷入，將顧慮重重，不知所措，無法定奪何時真正開始，時間一分一秒地浪費了，最終只有以懊悔面對仍懸而未決的事情。

　　要正確看待和處理「完成」和「完美」的關係。多數情況下，兩者並不矛盾，當然它們也有對立的時候。我們要認知到，完美只是完成的附屬品，從這一點上看完成要先於完美。再有完成是本質，而完美是表象，從這一點上看完成也重於完美。雖然完美多數情況下，可遇不可求，但不代表我們不去考慮完美，可以把完美視為追求的最高目標，但絕不應成為遲遲不行動或徘徊不前的理由和絆腳石。

　　簡而言之，做事要「先完成，再完美」，要在完成的基礎上追求完美。秉持兩個處理原則：一是當完成和完美可以兼顧的時候，追求完美是必要且重要的；二是當完美影響到完成時，則應以完成為主。

避免拖延，高效做事

有些時候，事情之所以沒有形成閉環，是拖延造成的。拖延的原因多種多樣，有主觀原因，也有客觀原因。帕金森時間定律告訴我們：工作會自動地膨脹並占滿所有可用的時間。如果你是個拖延患者，那麼即便是一件很簡單，不用多長時間即可完成的工作，你也可以拖延很長時間完成。而一個做事高效的人，可以同時應對幾件事，並且可以處理得很漂亮。

雖然造成拖延的原因多種多樣，但大致可將其分為主觀原因和客觀原因。主觀原因，比如追求完美，導致事情無限拖延下去，還有不知道解決問題的途徑和操作方法，從而讓事情陷於停頓；客觀原因就更多了，條件不具備，能力不夠，他人不配合等等，都可以讓事情無法實現閉環。對客觀原因，只能是想方設法去解決，難題一旦解決了，事情也就能形成閉環了。

對主觀造成的拖延則需要找出自身原因，然後針對性地加以解決。這裡介紹一個適用於大多數人的提高做事效率、避免拖延的方法，如果你有這方面的困惑，不妨借鑑一下。

第七章　打通自己的底層閉環思維

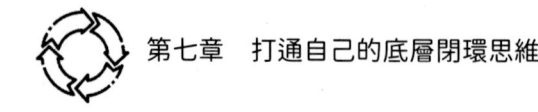

1. 做事之前設定時間期限

正如魯迅先生所說:「時間就像海綿裡的水,只要願擠,總還是有的」,所以時間是「壓」出來的。很多時候,時間過於充裕,會讓自己變得懶散,效率也由此變得低下,所以在某項工作開始之前,設定一個合理的時間期限,然後強迫自己在這個設定的時間內完成工作。需要注意的是,這個設定的時間期限一定要合理,不能如何努力都達不到,要「跳一跳,搆得著」才好,這樣才會達到激勵的作用和效果。

要想讓設定的時間期限發揮應有的作用,最好設定一個專注時間,這樣有利於督促自己更加集中注意力完成任務。

可以設定 20 分鐘為一個工作的專注時間。在這 20 分鐘內,必須專注於眼前的工作,不受任何干擾,直到 20 分鐘的鬧鈴響起。然後休息 5 分鐘,做做深呼吸,或到戶外活動一下,讓自己的身心適當放鬆,之後再設定下一個 20 分鐘的專注時間。如果 20 分鐘感到有些長,可以先設定較短的時間,如 10 分鐘、5 分鐘,甚至 1 分鐘的期限。如果在這個期限內能專注工作了,就試著適當增加專注時間的長度。

除了限定時間期限外,還可應用 80／20 法則,就是不要讓自己滯留在那些浪費時間的事情中,要有所取捨,以更好地利用時間,高效做事。假如有多個專案要去做,可是時間只允許去操作小部分,那麼,就可以試著找出這些專案裡

面貢獻率最小的80%，然後毅然將這80%淘汰掉，保留剩下的20%，接著集中大部分精力和時間去做。這樣，問題就得到了很好的解決。

2. 將工作內容具化和細化。

一個專案過於龐大，涉及環節繁多時，往往會讓人不知從何下手，由此造成拖延，這個時候就有必要對工作進行具化和細化。可分兩步走：

(1) 把問題寫出來。「吉德林法則」告訴我們：「把難題清楚地寫出來，便已經解決了一半。」大問題往往都是由若干個小問題組成的，所以一個簡單有效的辦法就是把大問題分解成若干個小問題，也就是把大問題具化和細化，然後針對性解決這些被分化出來的小問題。將這些小問題解決了，那麼大問題也就解決了。即便有些小問題無法解決或者解絕不到位，也會在一定程度上促進問題解決的過程。

(2) 複雜的事情簡單化。不要被複雜的事情嚇倒，要抓住事情的主要矛盾，清楚自己要的是什麼，然後有意識地忽略不太重要的環節或過程，化繁為簡解決問題。可在具體做之前，問自己三個「能不能」：

①能不能取消某些環節；

②能不能將某些環節合併起來；

第七章　打通自己的底層閉環思維

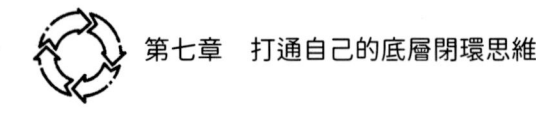

③能不能採用更簡潔的辦法。

這三個問題提綱挈領，有助於將不重要的環節剔除或者合併，從而簡化問題，推動解決問題的流程。

3. 使用時間管理工具。

時間管理工具有很多，可根據自己的實際情況採用。這裡介紹一個時間管理法，叫「四象限法」。這個方法適用於大多數人。

「四象限」法就是將所要處理的事情分為四個「象限」：第Ⅰ象限代表重要又緊急的事情，比如即將到結束期的工作任務；第Ⅱ象限代表重要但不緊急的事情，比如建立人際關係、制定規章制度；第Ⅲ象限代表不重要卻緊急的事，比如來電、部門會議；第Ⅳ象限代表那些不重要也不緊急的事，比如閒談、看娛樂新聞。

對這四個象限代表的事，在時間分配方面，可這樣安排：20%至25%的時間用在第Ⅰ象限；65%至80%的時間用在第Ⅱ象限；15%的時間用在第Ⅲ象限；1%時間用在第Ⅳ象限。

人，只有給自己緊迫感，在可能的最短時間之內把事情做完，才能夠放鬆下來享受剩餘的自由時間所帶來的幸福。我們沒有辦法超越時間的長度，但是卻可以超越時間的寬度，讓時間變得更為厚重，更為高效。

第八章
讓閉環思維成為一種習慣

習慣是有巨大驅動力的,如果我們能養成小事閉環、大事閉環、事事閉環的習慣,那麼就會極大地提高我們做事的效率和成事的機率。

第八章　讓閉環思維成為一種習慣

小事也要「閉環化」

事實證明，平時只有在小事上多進行閉環化思考，才有可能在處理大事時自然而然運用閉環思維。如果對小事敷衍了事，有始無終，對環節缺失無所謂，那麼是不可能養成做事閉環化思考習慣的。因為習慣總是從小事開始的，由小及大。那麼如何培養做小事也「閉環化思考」呢？

首先要重視小事。要樹立「小事不小」的態度。只有做到眼中無小事，才可能樹立起正確的做事態度，也才可能將做小事當成做大事的橋梁，用心做好。

湯姆曾是美國福特汽車公司最年輕的總領班，這可謂是一個奇蹟，因為湯姆只是一個製造廠的雜工。他20歲時進入福特公司，開始時只是一個極普通的打雜工人，做的幾乎都是零碎不起眼的小事。但是湯姆從來沒有怨言，而是極其負責，認真地做好每一件小事。福特公司共有十幾個部門，每個部門的職能和工作性質各不相同，而湯姆幾乎到每個部門都工作過，從而熟悉了各個部門的工作內容和流程。

一年半的雜工之後，他主動申請調往汽車椅墊部工廠工作，將製作椅墊的技術全部掌握之後，他又陸續申請到電焊部、車床部、噴漆部等部門工作，不到5年的時間，他一點

一滴地學會了幾乎整個汽車零件的瑣碎工作。最後，他申請調往裝配部門工作。由於他熟知汽車的每一個零件和生產裝配步驟，因此，他在裝配線上大顯身手，很快得到了上司的注意並把他升為領班。後來由於他對所有部門的業務都很熟悉，又升為15位領班的總領班，成為福特公司內一位有重要影響的管理者。

在工作中，幾乎沒有一件小事是可以被忽視的。事業大廈的根基在於無數個不起眼的小事，而這些小事做成功了，才能夠建造最穩固、最牢靠的事業大廈。湯姆正是從無數的平凡的小事做起，並努力將它們做好，才到達了他人生事業的高峰。

實際上，事並無小事和大事之分，事與事之間都是相關聯的。很多時候有的人不做小事，不是他做不了，而是他的思想在作怪。有的人著眼於小事，踏實、勤懇地做好每一件小事，最後提高了才能，贏得了機遇，獲得了人生和事業的成功。所以，養成願意並樂意做小事的習慣，用高度的熱情和耐心對待生活和事業中的每一件小事，用心地做好每一件小事，就會讓所做的事情形成一個個「閉環」，最終讓自己受益。

其次要學會處理小事。小事相對於大事，涉及的環節可能沒有那麼多，也沒那麼複雜，相對簡單，所帶來的影響亦可能會小些，但這不是說對小事的處理就可以隨隨便便。天

第八章　讓閉環思維成為一種習慣

底下就沒有可以隨隨便便對待的小事。小事的處理同樣需要講究方法和技巧。只有方法、技巧合適了，事情才能得到圓滿的解決，小事才不會演變成大事故。

最後要學會從對小事的處理中得到啟發。從解決小事中學到東西，一是會扭轉對小事的看法，提高對小事的重視；二是可以累積經驗，提高處理事情的能力，促進工作閉環。

一個從名校畢業的大學生進入一家大型貿易公司工作。雖然系出名門，但公司分派給他的工作卻很瑣碎細小。整整一年，他只負責貼票據、發郵件以及整理和客戶的會談紀要。終於有一天他忍不住了，向總經理提出了辭職。經理問辭職的原因，他說他一個名校畢業生，每天只做這些瑣碎的事，感覺自身的價值沒有得到體現。

總經理問他：「從這些你所謂的小事中，學到些什麼沒有？」大學生回答：「有什麼可學的，按部就班做就好了。」總經理聽後講了一件讓他震驚的事：「公司之前有個助理，負責的事情和你一樣，也是貼票據，發郵件，整理一下檔案的你所謂的小事，大約一年後，他根據經手的票據、郵件及其他資料，整理出一個表格。整理出來後，他發現一些規律，如透過統計出來的數據，他知道哪些客戶是中長期客戶，哪些客戶是潛在客戶，訂購的產品涉及哪些方面，又有哪些產品有增長的空間等等。他將這些資訊記在腦海裡，每當主管

詢問相關問題時,他總是能及時又準確地回答,而且還時不時能提供一些重要的訊息和建議。主管越來越重視他,把更多的重要工作交給他做,而他秉持一貫認真負責的態度去處理,現在這個人已經是公司的重要主管,而這個人就是我。」

大學生深受啟發,從此改變了對自己工作的看法,又過去半年後,大學生被調去業務部,再半年後,升為銷售組長,一年後,所在的銷售主管離職了,他被提升為業務部的主管。

端正了對小事的看法和態度,並從處理小事的過程中累積了做事的經驗,提高了處理問題的能力,久而久之,做事時就不再特意區分是小事還是大事,而是一以貫之,小事如此,大事亦如此,事事皆如此,這樣就養成了做事持之以恆的習慣。

第八章　讓閉環思維成為一種習慣

以習慣為驅動

關於習慣，亞里斯多德曾有一段精采的論述：「我們每個人都是由自己一再重複的行為所鑄造的，也就是習慣鑄造了我們的行為。由此來說優秀不是一種行為，而是一種習慣。」換一個角度來說，我們的人生在一定程度上由我們的習慣所決定。

習慣具有雙重作用，既可以是一個「坑」，讓你深陷其中無法自拔，將你「拴」得死死的；也可以是一個彈力器，能助力你在前行路上飛速前進。

前者體現的是習慣的負面作用，後者體現的是習慣的正面作用。習慣的負面作用，可以透過下面兩個小例子了解一下。

第一個例子：

一頭小象被一條粗壯的鐵鏈拴著。剛開始小象還用力掙扎，企圖擺脫鐵鏈，但無力掙脫。時間一長也就不再掙扎了，只在鐵鏈所限的範圍內活動。後來粗鐵鏈換成了細鐵鏈，小象只要用力一拉，就會拉斷鐵鏈，獲得自由，可是小象卻沒有這樣做，依舊只在之前的活動區域走動。幾年後，小象長大了，這時細鐵鏈也被取了下來，小象（這時已經變

成了大象)獲得了自由,但是令人吃驚的是,小象沒有絲毫奔赴自由的意思,依舊只「徜徉於」昔日的活動區域,沒有向外跨出一步。

第二個例子:

阿西莫夫從小就表現出比同齡孩子高的聰慧,年輕時多次參加「智商測試」,總得分在 160 左右,是「天賦極高」的人。有一次,他遇到一位汽車修理工,是他的熟人。修理工對阿西莫夫說:「嗨,博士!我來考考你的智力,出一道思考題,看你能不能回答正確。」

阿西莫夫點頭表示同意。 修理工說:「有一位聾啞人,想買幾根釘子,就來到五金商店,對售貨員做了這樣一個手勢:左手食指立在櫃檯上,右手握拳做出敲擊的樣子。售貨員見狀,先拿給他一把錘子,聾啞人搖了搖頭。於是售貨員就明白了,他想買的是釘子。

聾啞人買好釘子,剛走出商店,接著進來一位盲人。這位盲人想買一把剪刀,請問:盲人將會怎樣做?」

阿西莫夫順口答道:「盲人一定會這樣……」 他伸出食指和中指,做出剪刀的形狀。

聽了阿西莫夫的回答,汽車修理工開心地笑了:「哈哈,答錯了吧!盲人想買剪刀,只需要開口說『我買剪刀』就行了,他幹麼要做手勢呀?」

第八章　讓閉環思維成為一種習慣

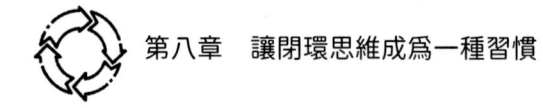

這就是習慣的強大負面作用，它不但可以禁錮行為，同樣也可以禁錮思想，讓你習慣於既定的一切，不去想做任何改變。我們應該將閉環思維培養成為一種習慣，發揮它的良性驅動作用，而不要被錯誤的習慣所禁錮。

那麼如何將閉環思維培養成為一種習慣呢？方法可參照下面所說的進行：

一是打破舊規則，建立新規則。從本質上看，規則是為目的服務的，如果發揮不了作用，那就打破它，重新建立一個規則服務目的，實現新的思維「閉環」。

一個妻子想讓丈夫早點回家，於是和丈夫約定，晚上十一點前回家，過時鎖門。第一週丈夫如約回家，妻子很高興。第二週丈夫晚歸了，妻子按約定將門上鎖了。可是丈夫乾脆不回家了。妻子很鬱悶。後經一個高人指點，妻子將規則變為：晚上十一點前不回家，我就開著門睡覺。丈夫大驚，從此再也沒有晚於十一點回家。

二是事無大小，堅持閉環。從本質上看，習慣是一種惰性。如果你凡事不分大小都堅持閉環化思考，而不是有選擇地使用，不因為要做的事很小，而不重視，敷衍了事（這樣的話一方面會讓事情的完善度打了折扣，另一方面會讓自己養成惰性），那麼久而久之，就會養成習慣。此後做起事情來就會自動化「閉環」。

三是想清楚了，馬上去做。《習慣的力量》(*The Power of Habit*) 一書中有這樣一句話：「世界上有兩種人：一種人是空想家，一種是行動家。空想家善於談論、空想、渴望，甚至夢想做大事；行動家沒有那麼多想法，他們只是想好了馬上去做。」久而久之，皆成了習慣。

當然這裡的行動不是盲動，而是要有目的、有計畫的行動，比如事先要制定好行動計畫、將大的目標分割成小目標、設定任務完成的期限等等。

四是及時回顧和總結，強化覆盤能力。某項工作或活動結束了，要及時回顧，並作一下總結，提煉其中寶貴的經驗教訓，用於對後面工作的提醒、警示和幫助。堅持做下去，就會形成閉環習慣。

事實已經證明，做事閉環習慣的養成，能夠讓我們的自身能力及價值在無意識中獲得螺旋式上升，所以我們一定要主動培養閉環化思考、閉環化做事的習慣。

第八章　讓閉環思維成為一種習慣

有邏輯地做事

有邏輯地做事對閉環思維的建立十分重要，試想一下，如果不能或者不會有邏輯地做事，該後期做的事拿到前期來做，前期要做的事推到後期去做，環節錯位，選擇性錯誤，胡亂行動等，必然會給閉環思維的形成帶來阻礙，所以學會有邏輯地做事是建立閉環思維的重要前提條件。

美國成功學大師卡內基在自己的著作裡講述了這樣一件事：

1920年初，我剛剛完成了那本《影響力的本質》(How to Win Friends and Influence People)一書，打算在芝加哥的某家飯店裡租用一個大型活動廳，舉辦一個大規模講座，入場券每張10元。當一切準備就緒，入場券也已經被印好的時候，我接到了這家飯店的通知，要求將租金多加一倍。

很顯然，無論誰遇到這樣的情況都會感到為難的，去責問飯店經理嗎？顯然不會取得好的結果，因為飯店經理總會擺出讓人足以無言以對的理由，況且他們關心的只是他們的事情，我辦不辦得成講座恐怕不在飯店經理的考慮之內。

我考慮好後，找到了這家飯店的經理，很平靜地對他說：「得到這個消息，我很吃驚，但是我一點都不怪你，如果我處

於你的位置，我也會這麼做的。作為一名經理人員，使飯店的利潤增加是他的責任。現在我們拿出一張紙，把你增加租金的益處和弊端都寫下來，然後讓我們來分析一下，好嗎？」

我在一張紙上寫了「利」字後，在它的下面列入了「利」的方面，包括活動廳空下來以後，如果把它租給別的社團開會或集會用，要比租給我辦講座得到更多的收入。然後我又在另一張紙上寫了「弊」的方面，並在它的下面列入「弊」的一面，包括飯店一方在這十天裡將會減少收入，因為我沒那麼多錢，即使有那麼一兩家來租用，也不會一下子就租十天。另外來聽我的講座的大多是大學裡的教師、學生，還有不少企業管理者，如果我辦不成講座，飯店會失去一個很好的宣傳的機會。

我把紙片寫好以後交給了那位經理，仍舊很平靜地說：「先生，有些時候，財富是潛在的，我很遺憾，你們和我都要失去一個大好的機會了，你能好好考慮一下嗎？我靜候回音。」

沒過幾天我收到了一封信，信中經理高度贊同了我的意見，並說按照我的建議收取租金。

從方案的謀劃到方案的實施，卡內基可以說完全遵照邏輯一步步展開，最後的結果也如他所料想般圓滿。這就是按邏輯做事所帶來的好處。這就讓我們明白了，為什麼生活中

第八章　讓閉環思維成為一種習慣

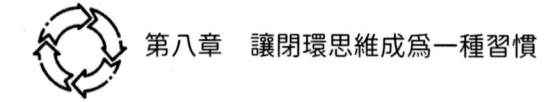

很多人總能輕鬆高效地完成工作，而有些人忙得一團糟卻沒有一個好結果；為什麼有些人總是能實現既定目標，而有些人卻總是迷失在半路上，其中關鍵之處就是是否按邏輯做事了。

那麼如何有邏輯地做事呢？通常可參照下面的流程「三步走」。

第一步，對問題進行全面的考量。

影響一件事或某項工作的因素往往不是單一的，這些因素相互影響、相互制約，甚至相互對立，共同作用於某件事或某項工作。在處理問題時，要對這些因素進行認真分析，全面考量，找出它們之間的內在關係和影響機制，然後在此基礎上對它們做出合理安排，既使其避免對立，又形成合力。

這裡需要注意並處理好兩個關鍵問題：一是將所面對的事物或問題作為一個整體、一個系統來進行思考分析，不要割裂它們，進而獲得對事物整體的認知，或找到解決問題的恰當方法。

二是做事情前做好對全域性的梳理。有的人做一件事情前，不考慮自己有沒有資源和條件及能力完成此事，便開始行動，結果往往事半功倍，等做了許多無用功後，才發現做不下去。正確的做法是，開始做之前，先要找到系統的結

構,然後根據結構梳理出事情的脈絡,對其作出全面的考量,接著才是按部就班往下進行。

第二步,對各個環節作出合理安排。

在明確了事物的各個影響因素之間的因果關係後,就可以根據它們各自所造成作用和影響程度作出合理安排,先做那個,後做那個,重點做什麼,難題是什麼,如何解決,還有在什麼情況下要做,在什麼情況下不能做等等,都要作出合理的預案。

第三步,制定行之有效的解決方案。

在做出預案後,要進行反覆的論證,要盡量站在不同角度、不同層面推敲這些預案,看它們是否能夠「圓滿」解決問題,能否形成正向閉環。如果不能,則需要考慮是否推倒重來。

總之,要想讓所做的事閉環化,遵從內在的做事邏輯是重要的前提。只有堅持遵從按邏輯做事,並養成習慣,在處理問題時才會自然而然從邏輯角度出發考慮並處理事情。

第八章　讓閉環思維成為一種習慣

以興趣之刃開路

　　人們常強調要興趣做事,是因為人們認為,興趣是行動最好的驅動力和排除萬難的決心所在。那麼興趣對做事到底有多重要呢?偉大的科學家愛因斯坦曾說過:「興趣是最好的老師。」試想一下,一個不渴望得到麵包和牛奶的人,會為了得到它們而付出辛苦的勞動嗎?當然不會。只有當一個人對某件事情產生濃厚的興趣和有強烈的達成願望的動機時,他才會立即採取行動,並堅持下來,直到目標達成。這就是興趣之於事情的重要性。

　　愛迪生一生有兩千多項創造發明,有人曾質疑他如此拚命工作到底累不累,對此愛迪生回覆說:「我喜歡做實驗,我從沒把它當成痛苦的工作,我在做我感興趣的工作,怎麼會感覺累呢?」著名導演達倫‧阿倫諾夫斯基(Darren Aronofsky)在哈佛大學的演講中說:「我盡力讓我的生活沒有遺憾,我盡量選擇那些讓我覺得充滿樂趣、讓我喜歡的道路,因為那樣的路才是正確的,才是可以堅持下去的。」

　　這啟示我們,對因興趣缺乏而拖延做事的人來說,改變拖延最有效的工具就是「興趣做事」,即盡量從事自己感興趣的工作。事實也證明,興趣做事要比使用任何工具都高效。

在興趣的驅動下，人會自動自發做事，遇到挫折和困難，不會輕易放棄和退縮，想盡辦法攻克難題，並且要求嚴格，力求盡善盡美，不留遺憾，直至目標圓滿完成。如果每一件事都能保持這種「興趣做事」的態度，以至養成習慣，那麼成功閉環的機率必然會很高。

居禮夫人發現「鐳」就是個極好的例子。從小對「科學實驗」感興趣的她在「鈾射線」被發現後，科學研究的興趣被喚發出來，隨即她就決定對這個課題進行深入研究。就是在這個「興趣」的感召和鼓舞下，居禮夫人在簡陋的科學研究條件下，幾年如一日忍受寂寞和清冷，克服了普通人難以想像的困難，堅持實驗，最終成功發現和提取了新元素「釙」、「鐳」。試想一下，如果沒有興趣的支撐，是難以做到幾年如一日在艱苦的條件下堅持實驗的。

如何能做到興趣做事呢？從整體來說，可從兩個方面來進行：

一是把興趣愛好和工作合而為一。興趣即工作，工作即興趣，這是最完美的形式，好處在於不用刻意追求和改變，不用揚鞭自奮蹄，工作中精神狀態好，身心愉悅，自動自發，積極主動解決問題，努力開拓進取，這種狀況下，多半會獲得好的結果。就像愛迪生之熱衷於發明創造；居禮夫人之熱愛科學實驗。

第八章　讓閉環思維成為一種習慣

　　二是從不感興趣的工作中找到樂趣。現實和理想之間有差距是十分正常的事，這種情況下，就要想辦法從不感興趣的工作中發現樂趣，把工作培養成興趣。這看似很難，但不至於行不通。實際上，工作與興趣之間，往往只差一線之隔的心態。心態調整過來了，這條界限也就漸漸模糊，最後消失，工作也就變成了興趣，或者變得有些喜歡。

　　菲爾‧格雷厄姆（Phil Graham）是美國報業系統的一名大亨，曾一度成為美國最大的報業老闆。然而，誰能想到在商界取得如此成就的格雷厄姆，其實對經商並不感興趣，他的興趣在於政治，他曾在法院任職，當過美國最高法院法官法蘭克福特（Felix Frankfurter）的助手。然而，當他在自己的仕途上走得興趣盎然時，他的岳父卻要他接手《華盛頓郵報》。

　　種種原因，讓格雷厄姆不得不放棄自己的政治事業，而從事自己並不感興趣的商界工作。但與大多數人不同的是，即使他並不認為這是一份有樂趣的工作，他也沒有敷衍。他努力將自己對政治的熱情轉移到報業這一陌生領域中來，他努力地去尋找其中的樂趣。很快，他發現了其中的樂趣，他一頭栽進報業的「海洋」中暢遊，並最終取得了非凡的成就。

　　興趣是可以培養的，也是可以中斷的，要想讓興趣持續不中斷，一要學會心理調適，張弛有度，保持彈性；二是使之成為一種做事的習慣。成為習慣後，無論是做小事還是大

事，都會積極籌劃，周密安排，遇到困難會主動想方設法解決，努力形成閉環。

有了興趣，必然會產生動力，也會帶來更多的投入。而心甘情願付出的時間和精力所帶來的進步和成就感，會催生出更大的興趣，從而形成良性循環。

第八章　讓閉環思維成為一種習慣

拆解問題，提高效率

　　事實告訴我們，在處理一件過於廣泛、環節眾多的問題時，由於主客觀條件的限制，很多時候是很難形成真正閉環的，所以要盡量避免大而全解決問題，而要追求小而精處理，就是說要學會把一個整體大的專案拆解為多個小專案，化大為小，然後逐個解決突破，這樣每一個環節都形成了閉環，而眾多的小閉環串聯起來，就會形成大的閉環，最終提高了做事效率，達成了目的。

　　日本運動員山本田一曾獲得東京國際馬拉松邀請賽的冠軍。他是怎麼做到的呢？山本田一在自傳中這樣總結自己的比賽經驗：

　　「在每一次比賽之前，我都會將比賽沿途一些比較醒目的標誌記錄下來，例如，第一個標誌是博物館；第二個標誌是銀行；第三個標誌是一座別具一格的房子……

　　當比賽開始後，我就將這些標誌作為征服的目標一步步努力去征服，每當經過一個目標的時候就會覺得自己在成功的同時又獲得了一次巨大能量。我就在這樣不斷地征服中輕而易舉地跑完了整段路程。成功也隨之而來了。」

這也就是讓我們將最終的目標拆解成多個小目標，然後逐個征服，最後實現大目標。從對個人影響的角度上看，拆解就是把處理問題的煩惱化大為小、化整為零，讓人有信心和動力去解決問題。所以在面對一個問題時，尤其是相對複雜的事務時，不妨問自己三個問題：這件事一定要我做嗎？如果一定由我來做，我不會做怎麼辦？我做的話，我該如何著手？如果答案是否定的，即可以把問題交由更合適的人處理，那麼之前的煩惱就消失了。而如果答案是肯定的，那就要認真想想如何去處理了。

一個最有實效性的辦法就是聚焦問題。聚焦問題第一步：將問題歸類。就是看遇到的問題是屬於什麼性質、什麼層面的問題。

比如說要為三個客戶各設計一套產品行銷方案，現在已經設計出來一個了，還有幾個方案沒有設計？答案是：兩個。這樣的問題是單純的疑問層面的問題，只有一個正確答案。這樣的問題好解決，只要按照固定或約好的程序去做，問題就得到了解決。如果將問題變為：給三個客戶的方案要兼顧對方的實際情況，要符合對方的市場需求。這樣問題就變得複雜了，屬於難題了。答案也不會只有一個了，而且沒有對錯之分，只有合適與不合適。它需要我們靜下心來分析問題，才可能圓滿地解決問題。

第八章　讓閉環思維成為一種習慣

第二步，分析問題。在將問題性質、所處層面了解清楚的基礎上，進入分析問題階段。這是拆解問題的核心階段。分析通常需要從多方面多角度進行，要深入問題中，找準問題的要素，確定解決的核心要點，然後進行針對性拆解。整體上說，要根據實際情況和要求將整體問題分解為若干個單元，然後找出相應的解決方法，逐個突破後再將各個小問題進行整合。

有時，我們會發現找不到問題的解決方法，這可能是自己鑽進了牛角尖，處於問題的夾縫中出不來。所以，當遭遇出不來進不去的困境時，要嘗試換個角度去思考，可能會收到意想不到的效果。

第三步，完善問題。分析完問題後，要及時進行完善。分析問題只是從理論上粗放性地解決了問題，可能尚存在缺陷和不足，這時就有必要對問題的解決方案進行核查、推敲、評估、完善，經過這一階段，解決方案的成功率才會得到提升。

有人說，不會拆解的人生，只會在原地打轉。這句話是有一定道理的。只有在將問題成功拆解後，才可能具體「觸碰」到每一個切實可感的問題，也才可能進一步深入到問題的本質，最終找到解決問題的正確方法。眾多小問題解決了，大問題也就隨之不復存在了，閉環也就隨之形成了。

打造正向閉環的能力，
讓事情變得簡單高效

很多人都知道華盛頓找馬的故事，故事是這樣的：

一天夜裡，華盛頓家的馬被盜賊偷走了。華盛頓和接到報案後聞訊趕來的警察在鄰居的農場裡找到了被盜賊偷走的馬，可是，鄰居拒絕承認，而且還信誓旦旦地說：「這是我的馬，是我一手養大的。」

華盛頓十分冷靜地問：「你確認這馬是你一手養大的嗎？恐怕你養牠還沒超過12小時吧？」鄰居沒有被華盛頓嚇到，一口咬定馬是自己的。

華盛頓上前用雙手摀住馬的雙眼問：「既然你說這匹馬是你養大的，那你一定知道牠哪隻眼睛是瞎的？」

「右眼吧！」鄰居有些猶豫地說。

華盛頓放下遮住馬右眼的手。馬的右眼很明亮。

「那就是左眼，我記錯了。是左眼瞎了，我肯定。」鄰居變得斬釘截鐵。

華盛頓又放下遮住馬左眼的手。馬的左眼和右眼一樣明亮。

第八章　讓閉環思維成為一種習慣

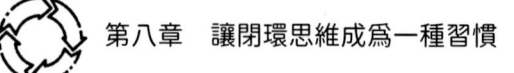

「哦！我記錯了，是另外一匹……」鄰居有些尷尬。

「好了，不要再說了，事實證明這匹馬不是你的，快把牠還給華盛頓先生！然後你跟我去警局一趟！」一旁的警察說道。

華盛頓利用心理定勢和邏輯推理，巧妙地將竊賊逼入一個死胡同，使其不打自招，讓本一時難以澄清的事情變得簡單，真相也隨即浮出水面。

梳理一下事情的整個過程，就會發現，從頭到尾華盛頓的思維形成了一個完美的正向閉環，由開始的假設出發，一步步推理，最後引出與事實的矛盾（即「反證法」），這樣就使盜賊的謊言不攻自破，讓事情變得簡單且高效。

思維的正向閉環，符合事情發展的邏輯要求，如果再能施之以巧妙，必然會剔除一些干擾項，省去一些中間不必要的環節，讓事情變得簡單，且富有成效。

一次實驗中，愛迪生讓助手去量一個燈泡的容量。助手又是拿軟尺量燈泡周長，又是拿筆計算燈泡的面積。愛迪生見狀直搖頭，一言不發，直接拿過燈泡，往裡面灌滿水，然後將水倒進一個量杯裡，馬上就知道了結果。簡單兩步就讓問題得到有效解決。

公司年會上，老闆說：「我出一道題給大家，誰最先答出來，獎勵手機一部。題目是這樣的：商人30元進了一雙鞋，

零售價 40 元。一顧客來買鞋，給他一張 100 元，商人找不開，便去找鄰居換了這 100 元，然後找給了這個顧客 60 元。後來鄰居發現這 100 元是假鈔，商人只好又還了鄰居 100 元。請問，在這個過程中，商人一共損失了多少錢？」

有人說「100 元」，有人說「70 元」，答案五花八門。一個新入職的小女孩怯生生的說：「一雙鞋加 60 元。」

正確答案是「一雙鞋加 60 元」。這道題可以採用財務上收支兩條線的方法算出答案，但是那樣計算較為複雜，如果反過來想這個問題，商人損失的錢，就應該是顧客「賺」走的錢，問題一下子就豁然開朗，變得簡單了許多。

那麼如何打造正向閉環的能力呢？下面幾個方法不妨參考一下：

一是學會抓住事物的要點。大致上說就是看解決事情的要點是什麼，或者在什麼地方，然後想辦法將這個要點或要害處理好、解決掉，那麼事情也就大致上解決了。

年終，一家兩百多人的公司評選優秀員工——從 31 名候選人中選出 27 名。一般操作方法是：除了候選人，其他所有員工參與投票，最終得票數排在前 27 位的就是優秀員工。對於這種司空見慣的做法，誰都沒有異議。但是，這種做法效率很低。一個意識到問題的員工提出了一個新思路：投票人拿到選票後，選出自己不同意的那 4 位，唱票時，每張選

第八章　讓閉環思維成為一種習慣

票也只唱四次,最後,31名員工中,誰的「票多」誰就落選。

這個方法雖然簡單,卻很有效。按照這種思路操作,每一位員工投票所花的時間只有原來的七分之一,每一張選票的唱票時間也只有原來的七分之一,選舉效率提高了七倍。最後,公司經過研究同意了這位員工推薦的方案。

二是學會藉助思維工具。在面對複雜的事物時,單靠自己的大腦進行分析判斷,很多時候是不夠的,還要學會藉助思維工具,比如可以藉助心智圖、SWOT分析法、數學模型等來幫助比較、分析、篩選、判斷以及決策和設計。比如就如何快速有效讀一本書的問題,就可以藉助心智圖來列舉和分析、比較。

圖 8-1 「如何快速有效讀書」心智圖

三是盡量多思維化解決問題。很多時候,解決問題的方法不止一個,相應的思維也有多種。平時處理事情時,要盡可能多角度地考慮問題,同時盡量擬定多個解決方案,從中選出性價比最高的那個。這樣對問題的解決十分有益,同時對思維也是個極好的鍛鍊。

舉個例子,超市收銀臺各個走道結帳的人很多,隊伍排得很長,如果現在你需要結帳,請問你怎麼做?

有兩位統計學家研究了排隊背後的數學問題,同時參考了大量的數據,最後告訴我們,由於多數人是右撇子,所以多下意識選擇排在靠右的隊伍後面。所以,應該「反其道而行」,即去排靠左的隊伍才是正確的選擇。此外,盡量找收銀員是女性的隊去排,因為她們動作更快。還有,在收銀員速度大致相同的情況下,重要的是服務時間,也就是要看結帳的商品數而非排隊的人數,商品數多,意味著最短的隊或許是最慢的隊。

總之,要因地制宜採取靈活機動的辦法去解決問題,盡量拋開那些干擾項和不重要的環節,抓住主要問題,解決主要矛盾,讓思維形成正向閉環,簡單高效地將問題解決掉。

國家圖書館出版品預行編目資料

閉環思維，建立循環式的成功框架：從邏輯到實踐，提升決策品質，步入良性循環 / 劉金 著. -- 第一版. -- 臺北市：沐燁文化事業有限公司，2024.11
面； 公分
POD 版
ISBN 978-626-7557-68-6(平裝)
1.CST: 思維方法 2.CST: 思考
176.4　　　　　　　113016051

閉環思維，建立循環式的成功框架：從邏輯到實踐，提升決策品質，步入良性循環

作　　者：劉金
發 行 人：黃振庭
出 版 者：沐燁文化事業有限公司
發 行 者：沐燁文化事業有限公司
E-mail：sonbookservice@gmail.com
粉 絲 頁：https://www.facebook.com/sonbookss/
網　　址：https://sonbook.net/
地　　址：台北市中正區重慶南路一段 61 號 8 樓
8F., No.61, Sec. 1, Chongqing S. Rd., Zhongzheng Dist., Taipei City 100, Taiwan
電　　話：(02) 2370-3310　傳　真：(02) 2388-1990
印　　刷：京峯數位服務有限公司
律師顧問：廣華律師事務所 張珮琦律師

-版權聲明-

本書版權為中國經濟出版社所有授權崧博出版事業有限公司獨家發行電子書及繁體書繁體字版。若有其他相關權利及授權需求請與本公司聯繫。

未經書面許可，不得複製、發行。

定　　價：350 元
發行日期：2024 年 11 月第一版
◎本書以 POD 印製

Design Assets from Freepik.com